Andrea Bachmann

Gotteshäuser – Menschenorte

Andrea Bachmann

Gotteshäuser – Menschenorte

Die Kirche im Dorf

Übersichtskarte: © Kartografie Anneli Nau, München

Bildnachweis:
Alle Innenteilfotos: Andrea Bachmann
außer S. 93: Günter Polanz

Bibliografische Information der Deutschen Nationalbibliothek

Die Deutsche Nationalbibliothek verzeichnet diese Publikation in der Deutschen Nationalbibliografie; detaillierte bibliografische Daten sind im Internet über http://dnb.d-nb.de abrufbar.

Besuchen Sie uns im Internet: **www.oertel-spoerer.de**

© Oertel+Spörer Verlags-GmbH+Co.KG · 2010
Postfach 16 42 · 72706 Reutlingen
Alle Rechte vorbehalten
Umschlaggestaltung: Atelier Georg Lehmacher, Friedberg
Umschlagfotos: Andrea Bachmann
Satz und Repro: Uhl+Massopust GmbH, Aalen
Druck und Bindung: Oertel+Spörer Druck und Medien-GmbH+Co., Riederich
Printed in Germany
ISBN: 978-3-88627-421-5

Inhalt

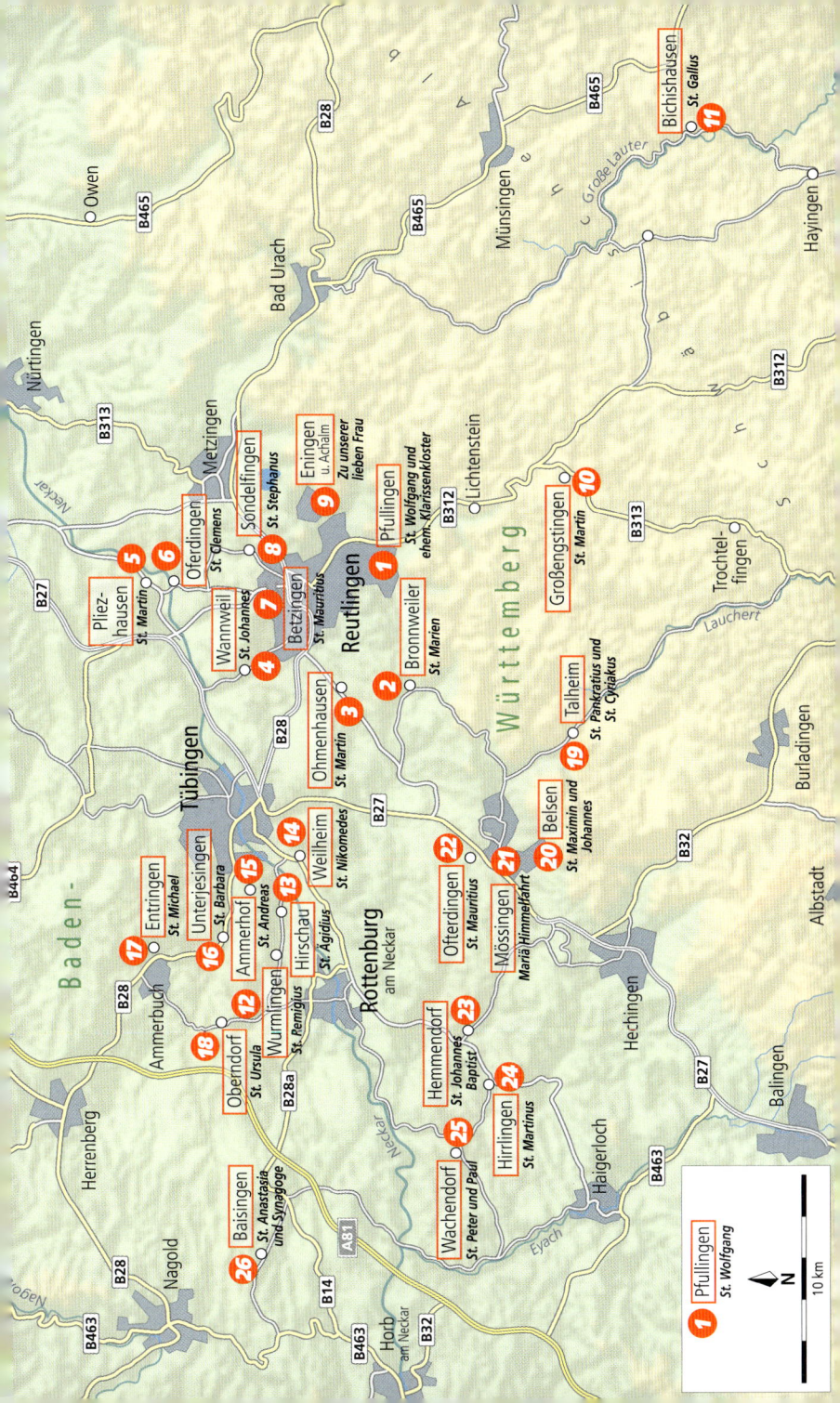

Owen

B465

B28

Bad Urach

Nürtingen

B313

Neckar

Metzingen

5 St. Martin
Pliez-hausen

6 Oferdingen
St. Clemens

8 Sondelfingen
St. Stephanus

7 Wannweil
St. Johannes

4 Betzingen
St. Mauritius

Reutlingen

9 Eningen u. Achalm
Zu unserer lieben Frau

1 Pfullingen
St. Wolfgang und ehem. Klarissenkloster

B312

Lichtenstein

2 Bronnweiler
St. Marien

3 Ohmenhausen
St. Martin

B28

B27

Tübingen

17 Entringen
St. Michael

16 Untrjesingen
St. Barbara

15 Ammerhof
St. Andreas

13 Hirschau
St. Agidius

14 Wellheim
St. Nikomedes

Rottenburg am Neckar

22 Ofterdingen
St. Mauritus

21 Mössingen
Mariä Himmelfahrt

20 Belsen
St. Maximin und Johannes

19 Talheim
St. Pankratius und St. Cyriakus

12 Wurmlingen
St. Remigius

18 Oberndorf
St. Ursula

Ammerbuch

B28

B28a

Neckar

23 Hemmendorf
St. Johannes Baptist

24 Hirrlingen
St. Martinus

Hechingen

25 Wachendorf
St. Peter und Paul

26 Baisingen
St. Anastasia und Synagoge

Haigerloch

Herrenberg

Nagold

B28

B463

Horb am Neckar

B14

AB1

Eyach

B32

B463

Bichishausen
11 St. Gallus

B465

Große Lauter

Münsingen

Hayingen

B312

Großengstingen
10 St. Martin

B313

Trochtel-fingen

Lauchert

B32

Albstadt

Balingen

B27

Württemberg

Baden-

Alb

1 Pfullingen
St. Wolfgang

N
10 km

Vorwort

Mittelalterliche Wehrtürme, romantische Zwiebeltürmchen oder die modernen Bauten junger Gemeinden: Die Türme der vielen Dorfkirchen in der Region sind weithin sichtbar und prägen die Landschaft an Neckar und Steinlach, im Ammertal und auf der Schwäbischen Alb. Die Kirche im Dorf war und ist oft Mittelpunkt und Wahrzeichen des Ortes. Sie ist Teil seiner Geschichte und sie kann selbst Geschichten erzählen: Über die Menschen, die diese Kirche erbaut haben und mit ihr gelebt haben, woran sie geglaubt, worüber sie sich gefreut und wovor sie sich gefürchtet haben. Und heute ist sie noch oft genug ein zentraler Ort im Leben der Menschen, ein Raum, in dem sie zusammenkommen, um zu singen und zu beten, aber auch, um zu feiern und zu arbeiten, um miteinander zu reden und sich für eine gemeinsame Sache einzusetzen.

Die Kirche im Dorf: das ist ein Baudenkmal und ein geschichtliches Dokument, ein Kunstwerk und ein Versammlungsraum, ein spiritueller Ort und ein wichtiges Element regionaler Identität.

Grund genug, nicht einfach daran vorbeizufahren. Gehen Sie hinein! Sie werden wunderschöne und ungewöhnliche Kunstwerke entdecken,

Andrea Bachmann

geheimnisvolle Geschichten erfahren, den Alltag und den Sonntag vergangener Zeiten kennen lernen und die Kirche als Lebensraum wahrnehmen. Immer ist die Kirche auch ein Ort, an dem das Leben langsamer zu fließen scheint, an dem man Kraft schöpfen und zur Ruhe kommen kann.

Ich habe in Tübingen studiert und lebe mit meinen vier Kindern im Herzen der Tübinger Altstadt. Vor zwölf Jahren habe ich angefangen, als Gästeführerin zu arbeiten, mittlerweile habe ich Tübingen und die Region zu meinem Beruf gemacht: Mit Stadtführungen und Exkursionen, Ausstellungen und Texten mache ich auf Sehenswertes, Merkwürdiges und Bedenkliches in Stadt und Land aufmerksam, schreibe Geschichten zur Geschichte und über die Freude am langsamen Reisen: zu Fuß oder mit dem Fahrrad, mit den Füßen am Boden und dem Kopf in den Wolken.

Immer wieder unternehme ich auch religiöse Reisen durch das Land zwischen Neckar und Bodensee: Ich wandere auf Jakobswegen, radel durch wunderschöne geistliche Landschaften voller Klöster und Kapellen und begebe mich so in die Tradition des wandernden Gottesvolkes, allein, mit meinen Kindern oder in einer Gruppe, die ich auf ihrem Weg begleite. Der Pilgerweg als sportliches, kulturelles und spirituelles Erlebnis ist für mich eine schöne Möglichkeit der Verbundenheit mit Gott.

Für dieses Buch habe ich mich mit dem Fahrrad auf den Weg gemacht und über zwanzig Gotteshäuser zwischen Rottenburg und Reutlingen aufgesucht. Von der Wurmlinger Kapelle bis zur Baisinger Synagoge, von der Belsener Bergkirche bis zur neuen Mössinger Marienkirche reicht der Querschnitt durch eine ganz besondere Glaubenslandschaft. Begleiten Sie mich!

Andrea Bachmann
November 2010

Einführung

„Wo zwei oder drei in Meinem Namen versammelt sind ...“

*E*ine Kirche ist nicht schon dann eine Kirche, wenn sie fertig gestellt und eingeweiht ist. Eine Kirche wird eine Kirche mit jedem Kind, das darin getauft wird, mit jedem Gebet, das darin gesprochen wird, mit jedem Toten, der darin beweint wird. Der Raum redet zu mir und erzählt mir die Geschichte meiner toten und meiner lebenden Geschwister. Und so baut er an meinen Wünschen und an meinen Lebensvisionen.“

Fulbert Steffensky

Die Dorfkirche – mehr als eine kleine Kirche

Die „Kirche im Dorf“ ist fast schon ein Synonym für beschauliche Beständigkeit und bewahrte Tradition. Ein idyllischer Ort, in dem sich sonntags die Gemeinde versammelt, in dem der Reisende Ruhe findet. Die schönen alten Dorf- und Bauernkirchen sind wie kaum ein anderes Gebäude im ländlichen Raum zu einem Symbol für eine intakte Vergangenheit und eine unversehrte Heimat geworden. Mit dem Gotteshaus, das bestenfalls in der Ortsmitte zu finden und schon von weitem an seinem Turm zu erkennen ist, verbindet man schnell ein romantisches Ideal bäuerlicher oder zumindest ländlicher Lebensqualität. Aber eine Dorfkirche ist mehr als die Kulisse für die Sehnsucht von Stadtmenschen nach einem überschaubaren, sicheren Lebensraum.

Eine Kirche stellt in der Welt eine besondere Wirklichkeit dar. Sie ist mehr als ein Baudenkmal oder ein architektonisches Kunstwerk. Sie ist ein Ort, in dem sich Menschen in vergangener und heutiger Zeit versammeln, um gemeinsam Gottesdienst zu feiern. Sie ist zentrales Zeichen dieser Gemeinschaft, sie hinterlässt sichtbare historische Spuren und gibt den Gläubigen die Möglichkeit, sich mit ihr zu identifizieren. Eine Kirche ist ein sakraler Raum, ein heiliger Bezirk. Und zwar jede Kirche, die romanische Kapelle mit ihrer geheimnisvollen Krypta ebenso wie der

Sichtbetonbau der 70er-Jahre. Immer handelt es sich um ein Haus, von dem eine bestimmte Kraft ausgeht, nicht die Leistungen und Erfolge der Menschen, sondern die Kraft Gottes, die Schwache stark und Ängstliche mutig macht, Verfolgte schützt oder Suchenden Orientierung geben kann.

Kirchen spiegeln die Glaubensvorstellungen und das Lebensgefühl der Menschen wider, die sie erbaut haben, die sie nutzten und im Lauf der Jahre auch immer wieder verändert haben. Auf dem Land ist das Leben anders als in der Stadt, ein Dorf hat nicht einfach nur weniger Einwohner und weniger Häuser, auch die Sozialstruktur, die Wertesysteme, der Lebensstil sind andere. Dorfbewohner sind sicherlich nicht gläubiger als Städter, aber zumindest bis weit ins 19. Jahrhundert hinein waren Religion und Gesellschaft auf dem Land besonders eng miteinander verknüpft. Das alljährliche Kirchweihfest war gleichzeitig Messe und Jahrmarkt, Kirchenglocken riefen nicht nur zum Gebet, sondern strukturierten den Tagesablauf, die Sitzordnung in der Kirche entsprach häufig der sozialen Hierarchie im Ort. Die Kirche war zuständig für die Bewältigung lebensweltlicher Übergänge, die Konfirmation markierte den Eintritt ins Erwachsenenleben, die Hochzeit bedeutete die Gründung eines eigenen Hausstandes.

Diese Symbiose von Religion und ländlicher Lebenswelt beeinflusst natürlich auch die Kirche im Dorf. Sie ist nicht nur ein spirituelles, sondern auch immer ein soziales Zentrum, in dem oft liturgische und profane Bedürfnisse der Bevölkerung miteinander verbunden werden. Deshalb sind Dorfkirchen oft sehr zweckmäßig: der Dachboden wird als Lagerraum genutzt, Turm und Sakristei dienten in Kriegszeiten als Schutzräume und Befestigungsanlagen, der Kirchturm ist weithin sichtbar und schafft nicht nur eine Verbindung zwischen Himmel und Erde, sondern hat mit seiner allen Dorfbewohnern bekannten Form auch eine identitätsstiftende Funktion.

Eine Dorfkirche ist nicht nur eine kleinere, schlichtere Ausgabe einer Stadtkirche, sondern eine eigenständige Form des Sakralbaus.

Auch die Innenausstattung einer Kirche auf dem Dorf unterscheidet sich häufig von einer Kirche in der Stadt. Viele Ausstattungsstücke sind eng mit der ländlichen Lebenswelt verbunden. In katholischen Kirchen auf dem Land ist das Heiligenpersonal ein anderes als das in der Stadt.

In vielen Kirchen findet man eine Anna Selbdritt: Die heilige Anna wird zusammen mit ihrer Tochter Maria und ihrem Enkel Jesus Christus dargestellt. Das Leben auf dem Land war nahezu unvorstellbar ohne den Rückhalt einer großen Familie. Mit seiner Großmutter Anna wird Jesus' ganze Familie in den Blick genommen: Selbst Gottes Sohn war eingebettet in familiale Strukturen, hat Eltern und Großeltern. In Gegenden, wo der Weinanbau eine Rolle spielte, wird der heilige Urban, der Schutzpatron der Weingärtner, besonders verehrt. Und in kaum einer Dorfkirche fehlt der heilige Wendelin, der als Patron der Hirten und Herden, Schäfer, Bauern und des Viehs für passendes Wetter und eine gute Ernte sorgt. Er ist der Bauernheilige par excellence.

Sondelfingen St. Stephanus

Vor und nach der Reformation

Die ersten Kirchen entstanden in der Region zwischen Neckar und Alb im 6. und 7. Jahrhundert, als irische und schottische Wandermönche durch die Gegend zogen, um den Menschen die Frohe Botschaft zu verkünden. Die kleinen Gotteshäuser wurden oft an derselben Stelle gebaut, an der sich zuvor die heidnische Kultstätte befunden hatte.

Ende des 10. Jahrhunderts machte Otto I. die Kirche zur Hauptstütze seines Reiches. Er und seine Nachfolger übertrugen Erzbischöfen, Bischöfen und Äbten wichtige Staatsämter und gaben ihnen Reichs- und Königsgut als Lehen. Die Kirchenmänner kamen aus wichtigen Familien, waren äußerst gebildet und für Verwaltungsaufgaben besser geeignet als die Kriegsherren des Hochadels. Zudem kamen die einheitliche Sprache und das einheitliche Recht der Kirche Ottos Vorstellungen von einer zentralen Reichsgewalt nahe.

Nach dem Ende der Stauferkaiser, der Hinrichtung Konradins in Neapel 1268, ist es mit dieser Einheitlichkeit vorbei. Das Reich zerfällt in viele kleine Territorien, hier im Südwesten entsteht ein eigenartiger Flickenteppich, der bis zur napoleonischen „Flurbereinigung" 1806 Bestand haben wird.

1535 setzte Herzog Ulrich in Württemberg die Reformation durch. Damit war die Region nicht mehr nur territorial völlig zersplittert, sondern auch konfessionell. Zwischen dem protestantischen Württemberg und dem katholischen Habsburg gab es jetzt auch noch katholischen Klosterbesitz oder protestantische Ritterschaften. Die Glaubenslandschaft im deutschen Südwesten war extrem unübersichtlich, Konfessionen wechselten manchmal innerhalb eines Dorfes.

All dies wirkte sich natürlich direkt auf den Kirchenbau aus. Der Einheit des Deutschen Reiches und der Macht der Kirche verdanken wir mit der karolingischen Architektur der Frühromanik zum ersten Mal einen einheitlichen Baustil in ganz Europa. Die mittelalterliche Kirche entwickelte sich aus der spätantiken Basilika, der „Königshalle".

Die Kirchen sind noch dunkel, mit einem gedrungenen Baukörper und kräftigen Säulen. Erst im 11. Jahrhundert gelingt die Einwölbung der Decke. Nahezu einziger Schmuck sind die Blendarkaden und Bogenläufe der Westportale und das Tympanon, das Bogenfeld über dem

Türsturz. Die Kirchen in Bronnweiler und Belsen, die in diesem Band vorgestellt werden, lassen noch etwas von dieser kraftvollen, mythischen Atmosphäre ahnen.

Immer bessere technische Möglichkeiten und ein verändertes Glaubensverständnis führen dazu, dass die Kirchen heller und höher werden: Der kompakte Bau der Romanik weicht dem steinernen Filigran der Gotik, die Fenster werden größer, die Säulen schlanker. Neue Techniken und verbesserte Werkzeuge, aber auch die Freude an ornamentaler Vielfalt und nicht zuletzt die ausgezeichneten finanziellen Spielräume, vor allem der Klöster, lassen selbst in winzigen Ortschaften in der Region zwischen Neckar und Alb ausgesprochen aufwändig geschmückte gotische Kirchen entstehen.

In Württemberg bedeutete die Reformation einen drastischen Wandel im Umgang mit der bestehenden sakralen Bausubstanz. Natürlich konnte man die teilweise erst wenige Jahre alten Gotteshäuser nicht einfach abreißen. Aber sie wurden mit zum Teil extremen Maßnahmen der neuen Glaubenslehre angepasst. Heiligenbilder und -skulpturen, Altäre und Kirchengeräte verschwanden aus den württembergischen Kirchen. Nur das Wort sollte noch gelten, nichts die Gläubigen von Bibeltext und Predigt ablenken, die sinnliche Gotteserfahrung musste einer intellektuellen weichen. In zahllosen Kirchen griff man zu Pinsel und Farbeimer und übertünchte die bunten Fresken, die bis dahin die Wände geschmückt hatten.

Die „Große Kirchenordnung": Schulpflicht und Sonntagsruhe

Bis 1803 war der Protestantismus in Württemberg Staatskonfession und die evangelische Kirche Teil der Staatsverwaltung. Katholiken war es verboten, sich im Land aufzuhalten, Ämter zu besetzen oder einen katholischen Gottesdienst zu feiern. 1559 erließ der Sohn Herzog Ulrichs, Christoph, die „Große Kirchenordnung", um die Reformation flächendeckend durchzusetzen. Vor allem auf dem Land war die enge Verzahnung von Staat und Kirche, von bürgerlicher und religiöser Gemeinde spürbar. So konnte man zum Beispiel für weltliche Vergehen mit dem Ausschluss vom Abendmahl bestraft werden, umgekehrt wurde das Fernbleiben vom Gottesdienst mit Geldbußen geahndet.

Ein Nebeneffekt der Großen Kirchenordnung war die Einführung der allgemeinen Schulpflicht für Jungen und Mädchen. Auf diese Weise sollte sichergestellt werden, dass alle württembergischen Untertanen zur „Gottseligkeit" erzogen wurden. Gleichzeitig war eine gründliche Ausbildung der Bevölkerung in einem Land, das weder über Bodenschätze noch über große Wälder verfügt und dessen Böden schwierig zu bebauen sind, die beste Möglichkeit, für dauerhaften Wohlstand zu sorgen. Unterrichtet wurden die Kinder zwar von weltlichen Lehrern, aber die Kirche kümmerte sich um die Regelmäßigkeit des Schulbesuchs. Gerade diese bessere Ausbildung führte jedoch dazu, dass immer mehr junge Leute berufliche Perspektiven außerhalb der Landwirtschaft fanden, ihr Dorf verließen und auch zur Kirche ein distanzierteres Verhältnis aufbauten, was sich im 19. Jahrhundert zu einem großen Problem für die Kirche entwickelte.

1635 begann für Württemberg der Dreißigjährige Krieg. Erst 1648, mit dem Westfälischen Frieden, wurde der Herzog von Württemberg wieder in all seine Rechte eingesetzt. Das Land war jedoch verwüstet, die Bevölkerung wurde durch Gewalt, Hunger und Epidemien auf ein Drittel des Vorkriegsstandes dezimiert und sämtliche Wertesysteme und sozialen Konventionen schienen außer Kraft gesetzt.

Um diese chaotischen Zustände zu verbessern führte Herzog Eberhard III. 1642 den sogenannten Kirchenkonvent ein: ein von Bürgermeister und Pfarrer gemeinsam geleitetes kommunales Sittengericht. Verhandelt wurden Vergehen gegen die kirchliche Ordnung oder moralische Vorschriften. Der Konvent konnte Geld- oder Arreststrafen verhängen und war Teil der strafrechtlichen Ordnung. Ein weiteres kirchliches Kontrollorgan war die Scharwache, die sonntags durch die Dörfer patrouillierte und auf die Einhaltung der Feiertagsruhe achtete. Damit war die Institutionalisierung der Verschränkung von kirchlicher und weltlicher Gemeinde komplett.

Überraschenderweise wurde das konfessionelle Durcheinander im deutschen Südwesten trotz des verheerenden Krieges in den darauffolgenden 150 Jahren ganz unkompliziert gehandhabt. Konfessionswechsel waren vor allem lebensweltlich und nicht religiös bedingt. Eine Heirat, ein Umzug oder der Tod eines Elternteils konnten dazu führen, dass jemand das Bekenntnis wechselte: Die Konfession scheint eher ein Mittel gewesen zu sein, durch das man sich mit der Dorfgemeinschaft identifizierte und weniger ein echtes religiöses Bekenntnis. Einige Dorfkirchen, wie zum Beispiel St. Ursula in Oberndorf, wurden eine Zeit lang von beiden Konfessionen genutzt, weil die weiten Wege zur „eigenen" Kirche der Dorfbevölkerung nicht zuzumuten waren.

Protestantisches Selbstbewusstsein und das Himmelreich des Barock

Nach der Reformation ging es vor allem in den jetzt evangelischen Gebieten in der Sakralarchitektur darum, die vorhandenen Kirchenräume den Erfordernissen des evangelischen Gottesdienstes anzupassen. Die Predigt und damit die Kanzel rückten in den Mittelpunkt des gottesdienstlichen Geschehens, die leer geräumten Chöre und die fehlenden Seitenaltäre ließen die Kirchen wie Versammlungssäle wirken. Typisch wurden hell verputzte Wände mit künstlicher Quaderbemalung, die vor allem zu Beginn des 17. Jahrhunderts als besonders gepflegt und elegant galten. Zu dem nüchternen protestantischen Selbstverständnis passte die in dieser Zeit aufkommende monochrome Grisaillemalerei. Im 17. Jahrhundert stifteten wohlhabende Bürger Wandmalereien wie in Sondelfingen und Pliezhausen oder Emporenbilder wie in Entringen und Weilheim. Kirchenbänke wurden gemietet oder gekauft und mit dem Namen des Besitzers versehen. In einigen Dorfkirchen wurde das vorreformatorische Chorgestühl, das der Geistlichkeit vorbehalten war, jetzt von den örtlichen Honoratioren genutzt. So wird besonders deutlich, wie sehr durch die Große Kirchenordnung und dem mit ihr verbundenen Einfluss der Kirche bürgerliche und religiöse Gemeinde nicht mehr voneinander zu trennen waren.

Bereits kurz nach der Reformation, besonders aber im 17. und 18. Jahrhundert kommt in den evangelischen Kirchen der Brauch auf, Epitaphe zum Gedächtnis an einen oder mehrere Verstorbene einer Familie zu errichten. Hauptsächlich waren sie Pfarrern und ihren Familien gewidmet, aber auch der ansässige Adel oder einflussreiche Bürgerfamilien ließen Epitaphe in den Kirchen aufstellen, so in Wachendorf oder Bichishausen. Diese besondere Art der Gemeinde- und Volksfrömmigkeit trug dazu bei, dass die von den reformatorischen Bilderstürmern leer geräumten Kirchen wieder mit bildlicher Kunst ausgestattet wurden.

Nach den kriegerischen Auseinandersetzungen und Reformationswirren des 16. und 17. Jahrhunderts ging man in der Architektur von Sakralbauten neue Wege. In katholischen Gebieten bewirkte die Gegenreformation einen ungeheuren Aufschwung, dem wir heute einige der schönsten Kirchenbauten des Landes verdanken. Die wieder erstarkte katholische Kirche wollte ihren Einfluss und ihr Ansehen geltend machen und baute zu Stein gewordene Demonstrationen der Überzeugung, die wahre christliche Lehre zu verkünden. Vor allem in Oberschwaben, dem Himmelreich des Barock, schwelgte man in Stuck und Marmor, aber auch in den Dörfern zwischen Rottenburg und Reutlingen sind solche Zeugnisse gegenreformatorischen Selbstbewusstseins zu finden: Zum Beispiel die Kirchen in Hirrlingen und Großengstingen oder die Kapelle auf dem Ammerhof.

Der aufklärerische Gedanke, dass der Mensch in der Lage ist, die Welt zu verändern und zu gestalten ist natürlich auch und besonders auf das Wesen der Architektur anzuwenden. Vor allem für die Sakralarchitektur bedeutete das einen vollständigen Paradigmenwechsel: Hatte man bis dahin eine göttliche Eingebung bei der Entwurfsarbeit vorausgesetzt oder zumindest vermutet, wird der Kirchenbau jetzt als Ergebnis rein menschlicher Baukunst angesehen. Die Vernunft und Rationalität, das geistige Instrumentarium der Moderne, veränderte auch die Architektur und wurde zur Grundlage einer neuen vereinheitlichenden Architektursprache. Die Diskussion um den „richtigen" Kirchenbaustil wird seitdem bis heute geführt.

Eine neue Glaubenslandschaft

1806 entstand auf Betreiben des französischen Kaisers Napoleon Bonaparte aus dem Herzogtum Württemberg das Königreich Württemberg. Durch den Frieden von Pressburg war das ursprüngliche, altwürttembergische Gebiet um fast das Doppelte seiner Größe erweitert worden.

Gleichzeitig bedeutete die Verabschiedung des sogenannten Reichsdeputationshauptschlusses eine völlige Neustrukturierung aller Verwaltungsebenen und der Kirchenhoheit. Alle geistlichen Herrschaften und Klöster, alle Reichsstädte, Fürstentümer, Grafschaften, Ritterschaften, Deutschorden und Johanniterorden wurden aufgelöst. Die katholische Kirche wurde ihrer weltlichen Herrschaft enthoben, das System der Reichskirche wurde zerschlagen und die evangelische Kirche verlor ihr Monopol und wurde mit der katholischen Kirche gleichgestellt.

Jetzt war die Kirche im deutschen Südwesten unabhängig von sozialen und politischen Strukturen, was ideologische und strukturelle Erneuerungen möglich werden ließ. Die Trennung von Staat und Kirche und die neue Religionsfreiheit bedeutete auch die Trennung von bürgerlicher und religiöser Gemeinde. Hauptakteure dieses tief greifenden gesellschaftlichen Wandels waren vor allem die Dörfer: In den vorindustriellen ländlichen Gemeinschaften des 19. Jahrhunderts ist das wechselseitige Verhältnis von Religion und Gesellschaft noch offensichtlich. Aber im Laufe des Jahrhunderts differenzierten sich die Bedürfnisse der Dorfgemeinschaft immer mehr aus und die Kirchen mussten neue Formen religiöser Praxis entwickeln, wenn sie den Kontakt zu den Gläubigen nicht verlieren wollten.

In Württemberg fand die Industrialisierung im europäischen Vergleich verspätet und dezentral statt und wurde dominiert von der Textilindustrie, die mit viel Heimarbeit und Nebenerwerbslandwirtschaft verbunden war. Das bedeutete, dass Württemberg sehr lange ausgesprochen agrarisch geprägt blieb. Andererseits fanden viele Jugendliche Arbeit in der Stadt und gewannen dadurch eine Selbstständigkeit, die das klassische Autoritätsverhältnis in Frage stellte. Für die Kirchen bedeutete das eine besondere Herausforderung: Die Formen der Integration gerade der jungen Leute in die religiöse Wissens- und Wertegemeinschaft mussten neuen sozialen Lagen und veränderten Bedürfnissen gerecht werden.

Innerhalb der evangelischen Kirche kam es vor allem in den traditionell dörflichen Sozialschichten der Bauern und Handwerker zu einer immer individuelleren Religiosität, nachdem die überlieferte Glaubenspraxis ihren staatlich verbürgten Pflichtcharakter verloren hatte. In Württemberg haben im 19. Jahrhundert pietistische Privatversammlungen großen Zulauf. Ähnlich wie die katholischen Bruderschaften fragen auch sie intensiver nach christlichen Formen der Daseinserklärung und Lebensbewältigung und nehmen sich innerhalb der Dorfgemeinschaft gerne als religiöse Elite wahr. Der Pietismus präsentierte sich als innerkirchliche Reformbewegung, die dem Gläubigen ein Programm der individuellen Erbauung anbot.

Alles in allem bedeutete die Neustrukturierung der württembergischen Glaubenslandschaft und der gesellschaftliche Wandel des 19. Jahrhunderts für die Kirche im Dorf eine Krise, aber auch eine Chance. Dieser Strukturwandel ist im Kirchenbau des 19. Jahrhunderts besonders spürbar, vor allem, weil im Zusammenhang mit der Neugliederung auch der Bedarf an kirchlichen Neubauten stieg: Zum einen benötigte man neue Kirchen für die jeweils andere Konfession, zum anderen entstanden aufgrund des Bevölkerungswachstums zahlreiche neue Pfarreien, die ebenfalls neue Kirchen brauchten. Aber auch die bestehenden Gotteshäuser mussten der veränderten Situation angepasst werden. Deshalb ist gerade das Jahrhundert, dem man lange Zeit nachgesagt hat, es hätte außer Nachahmungen nichts Nennenswertes hervorgebracht, für die Sakralarchitektur besonders interessant. Kirchen werden jetzt immer weniger allein zum Ruhme Gottes gebaut oder um die Macht der Kirche zu demonstrieren, sondern für die Menschen, die sich dort versammeln, um Gottesdienst zu feiern.

Die „Normalkirche": neugotisch und historistisch

Wie sollte eine „richtige" Kirche aussehen? Trotz konfessioneller Unterschiede suchte man einen einheitlichen Baustil und so kam weder eine Weiterentwicklung der barocken Prachtbauten der Gegenreformation noch der puristischen Versammlungsräume der Aufklärung in Frage. In der katholischen Kirche rückte die Predigt im 19. Jahrhundert wieder stärker ins Blickfeld, in den evangelischen Kirchen fand man immer mehr zu der durch die Reformation verlorenen Bildlichkeit und zu einer Resakralisierung des Kirchenraums zurück.

Vielleicht ist es all den sozialen, politischen und technischen Umbrüchen des 19. Jahrhunderts zu verdanken, dass die Vergangenheit und hier vor allem das Mittelalter, ins Blickfeld der Kultur gerät. Die Romantik ist eine Abkehr von Aufklärung und Vernunftglauben, eine Hinwendung zum Mittelalter und zur altdeutschen Kunst, man sucht überall „Historisches" und „Poetisches", auch in der Architektur. In Deutschland wird die Gotik zur patriotischen Architektur schlechthin stilisiert und auch nachdem sich die Erkenntnis durchgesetzt hatte, dass die Gotik keineswegs deutschen Ursprungs sei, blieb sie zumindest als genuin „christ-

licher" Stil en vogue. Angeblich berührte sie das Gemüt auf besondere
Weise, gab frommere Gedanken ein
und lud zur Betrachtung des künftigen Lebens mehr ein, als jeder andere
Baustil es bisher vermocht hatte.

Historismus, eine Bauweise, die
versucht, die Stile verschiedener
Epochen miteinander zu kombinieren, und Neugotik wurden besonders
durch zwei Architekten gefördert, die
intensiv am Kirchenbau im neuen
Königreich beteiligt waren: Christian
Friedrich von Leins und sein Schüler
Heinrich Dolmetsch. Beide haben in
der württembergischen Kirchenlandschaft deutliche Spuren hinterlassen.

Der 1814 geborene Christian
Friedrich von Leins hatte in Stuttgart Architektur studiert. Nachdem
er dort die Villa Berg, die zeitweilige Residenz des württembergischen
Königspaares, im Stil der italieni

Der heilige Wendelin
beschützt das Vieh

schen Renaissance gebaut hatte, wurde für ihn jedoch der Kirchenbau zur
Hauptaufgabe. Von Leins war an über hundert Kirchenneu- und umbauten, an Restaurierungen und Beratungen in Kirchenbaufragen beteiligt
und nahm so maßgeblichen Einfluss auf den Kirchenbau im Südwesten.
In seinen Bauten versuchte von Leins, Schönheit, Zweckmäßigkeit und
Sparsamkeit miteinander zu verbinden.

Ab 1850 trat der Kirchenbau in Württemberg durch das Ablösungsgesetz in eine neue Phase. Von diesem Jahr an mussten die Kirchengemeinden selbst die Baulasten tragen. Die Diskussion um den „richtigen"
Kirchenstil wurde jetzt um die Frage erweitert, wie eine kostengünstige
„Normalkirche" aussehen könnte. 1861 verabschiedete man auf einer
evangelischen Kirchenkonferenz in Eisenach das sogenannte „Eisenacher Regulativ": In 16 Thesen wurden Festlegungen und Empfehlun

gen dokumentiert, die die Beliebigkeit von Form und Material im Kirchenbau einschränken sollten. So sollte zum Beispiel darauf verzichtet werden, Holz wie Marmor aussehen zu lassen, der Grundriss sollte möglichst rechteckig sein und auch bei evangelischen Kirchen sollte nicht auf einen Chor verzichtet werden. Der gotische Stil wurde als „richtiger" angesehen. Ein besonders charakteristisches Beispiel für diesen Baustil ist die von Leins gebaute Martinskirche in Ohmenhausen bei Reutlingen.

Heinrich Dolmetsch wird versuchen, die neugotische Architektur in die Moderne zu führen. Der Schüler von Christian Friedrich von Leins widmete sich dem Bau, Ausbau und der Restaurierung von mehr als sechzig Kirchenbauten in Württemberg. Auch er verpflichtete sich dem Historismus und kombinierte Stilelemente vergangener Kunstepochen. Der größte Teil der von ihm benutzten Dekorationsformen ist der Gotik entnommen, aber auch Elemente aus der Romanik, der Renaissance und des Barock wurden von ihm verwendet. Hin und wieder lassen sich Anleihen aus der japanischen und orientalischen Kunst erkennen. Das Ornament wird für ihn zum Stilträger. Kunsthandwerklich begabt, entwirft er jedes Detail selbst, nicht nur den Baukörper, sondern auch Elemente der Innenarchitektur, der Verglasung und der Ausstattung bis hin zum Bucheinband oder Abendmahlskelch. Sein Ideal ist das Gesamtkunstwerk, in dem historische Stilelemente die Grundlage für eine eigene und zeitgemäße Formensprache bilden.

Leider wurde der Historismus in der zweiten Hälfte des 20. Jahrhunderts oft als Kitsch angesehen, der keinen künstlerischen Wert besaß. Deshalb wurden viele von Dolmetschs Kirchenbauten vor allem in den 50er-Jahren „modernisiert", dabei wurden Ornamente und Verzierungen entfernt oder verkleidet, Bemalungen abgelaugt oder überstrichen.

In den letzten Jahren hat man begonnen, den Historismus als eigenständige Epoche wahrzunehmen und Bauten aus dieser Zeit wieder zu entdecken. Der vor allem bei Heinrich Dolmetsch gelungene Ausgleich zwischen Kunst, Handwerk und Industrie fand wieder eine gewisse Beachtung und bei Renovierungsmaßnahmen der späten 80er- und 90er-Jahre wurde häufig versucht, den von Dolmetsch entworfenen Zustand wiederherzustellen, wie zum Beispiel in der Johanneskirche in Wannweil.

Lebendig und kräftig und schärfer

Die Kirche hört im 20. Jahrhundert auf, selbstverständlicher Bestandteil des Alltags zu sein. Gleichzeitig verändern sich die Dörfer. Immer weniger Menschen arbeiten in der Landwirtschaft. Ab der zweiten Jahrhunderthälfte wird immer mehr landwirtschaftliche Nutzfläche in Bauland umgewandelt, auf dem sich junge Familien den Traum vom Eigenheim erfüllen. Das Dorf entwickelt sich vom Lebensraum zum Wohnort. Die Dorfbewohner gehören schon längst nicht mehr alle derselben Konfession oder auch nur Religion an: Die Kirche im Dorf hat aufgehört, der soziale und religiöse Bezugspunkt der gesamten Dorfgemeinschaft zu sein.

Das bedeutet aber nicht, dass die Kirchen jetzt leer stehen und nur noch als reine Baudenkmäler an vergangene Zeiten erinnern. In vielen Dörfern in der Region gibt es ausgesprochen aktive Gemeinden, evangelische wie katholische, für die die Kirche im Dorf ein wichtiger sozialer Bezugspunkt geblieben oder sogar geworden ist. Allerdings hat sich die Art und Weise, mit der man seine Verbundenheit und sein Engagement ausdrückt, im Lauf der letzten Jahrzehnte grundlegend gewandelt. Die Kirche im Dorf ist jünger geworden, politischer und offener. „Wir gehen viel raus" war die Antwort eines Gemeindepfarrers auf die Frage, ob es in seiner Gemeinde ein „Alleinstellungsmerkmal" geben würde und ein anderer war der Meinung: „Unser größter Kirchenschatz, das ist das Engagement der jungen Familien". Auch werden neue Formen spirituellen Lebens gesucht und ausprobiert: Ungewöhnliche Gottesdienste an ungewöhnlichen Orten, Fastengruppen und Pilgerreisen, aber auch die Aktion „Offene Kirche" oder die immer häufiger in Kirchen ausgelegten Anliegenbücher für Bitten und Gebete. In manchen Gemeinden identifizieren sich die Menschen vor allem mit dem Gebäude selbst: „Sonntags sitzen höchstens ein Dutzend alte Frauen in den Bänken, aber wenn es darum geht, die Kirchenwände zu streichen, dann kommen plötzlich Leute, die haben wir noch nie in der Kirche gesehen" erzählt der Pastoralreferent einer kleinen katholischen Vorortkirche. Das alles zeigt, dass es die Kirche im Dorf nach wie vor gibt und dass das Wichtigste an dieser Kirche nicht unbedingt das Bauwerk ist, so schön es auch immer sein mag, sondern die Menschen, die in ihm eine Gemeinschaft in Christi Namen bilden: „Lebendig und kräftig und schärfer". (Hebr.4, 12)

Das Ende der Allianz von Thron und Altar bedeutete auch das Ende des Historismus und in den Jahren zwischen 1920 und 1950 kam der Kirchenbau wegen der desolaten wirtschaftlichen Verhältnisse und dem Zweiten Weltkrieg zum Erliegen. In der Nachkriegszeit wurden Innenrenovierungen vorgenommen, die in den evangelischen Kirchen des Landes manchmal einem regelrechten Bildersturm gleichkamen. Nach den Erfahrungen mit dem Nationalsozialismus war man nur allzu schnell bereit, regionale Besonderheiten als unangemessene Heimattümelei zu verdächtigen. Der Historismus mit seiner Lust am Ornament und am Zitat fand ebenso wenig Gnade wie das „Bauernbarock" des 18. Jahrhunderts. Nur das Mittelalter und die sogenannte „Hochkunst" schienen der Erhaltung wert zu sein. Dazu kam in den 60er-Jahren die Forderung, Kirchenräume hätten vor allem schlicht zu sein. Nichts sollte von der Konzentration auf das Wesentliche ablenken, keinesfalls durfte die Kirche „überladen" wirken. Ging es nur darum, eine Kirche zu renovieren, so wurden nahezu alle auch nur halbwegs entbehrlichen Ausstattungsgegenstände entfernt und die Wände weiß getüncht. Für Neubauten war oft wirklich nur wenig Geld vorhanden, aber häufig führte die politische Korrektheit auch dazu, dass man so preiswert wie möglich zu bauen versuchte, um die Gelder in die Entwicklungshilfe zu stecken. Diese sicherlich lobenswerte Einstellung lässt manche Sakralbauten der 60er-Jahre den Charme einer Baustoffhandlung versprühen.

Mittlerweile geht man bei Kirchenrenovierungen behutsamer vor. Der Kirchenbau wird nicht mehr in erster Linie als Kunstwerk begriffen, das es möglichst unversehrt und originalgetreu zu erhalten gilt, sondern als historisches Dokument, in dem Gläubige im Laufe der Jahrhunderte ihre Spuren hinterlassen haben.

Die meisten Kirchenneubauten in der Region sind in den 60er- und 70er-Jahren entstanden. In der Nachkriegszeit kamen viele Vertriebene aus den ehemaligen deutschen Ostgebieten in die Region und ein wenig später bauten immer mehr junge Familien, die in der regionalen Industrie Arbeit gefunden hatten, ihr Eigenheim in den Vororten der Städte. Viele dieser Menschen gehörten der jeweils anderen Konfession an und so wurde es bald nötig, diesen neu gewachsenen Gemeinden Gotteshäuser zu bauen. In den letzten Jahren sind nur noch wenige richtige Neubauten dazugekommen, Mariä Himmelfahrt in Mössingen ist 1996 erbaut worden und damit die jüngste Kirche in der Region zwischen Neckar und Alb. Allerdings sind die vielen Kirchen der Nachkriegszeit mittlerweile renovierungsbedürftig und so sind in den letzten Jahren eine ganze Reihe interessanter Neuinterpretationen dieser Räume entstanden, die nicht nur einem zeitgemäßen Gemeinde- und Liturgieverständnis Rechnung tragen, sondern auch dem Bedürfnis nach einem ästhetisch ansprechenden, festlichen Rahmen. In der Pfarrkirche Zu Unserer Lieben Frau in Eningen unter Achalm ist eine solche Neugestaltung ausgesprochen gelungen.

Jede Kirche, die in diesem Buch vorgestellt wird, hat im Laufe ihres Lebens immer wieder solche Neugestaltungen erfahren. Manchmal finden wir sie schön, angemessen und gelungen, manchmal stehen uns die Haare zu Berge. Immer verraten uns die Renovierungsmaßnahmen aber etwas über die Art und Weise, wie die Menschen, die vor uns in diesen Kirchen beteten, geglaubt haben und ihrem Glauben Ausdruck verliehen haben. Das mag der Skepsis angesichts knallbunter Emporenmalereien oder kühlem Sichtbeton, lieblicher Lourdes-Madonnen oder einem abstrakten Kruzifix etwas entgegenwirken und motivieren, sich auf jeden Kirchenraum unbefangen einzulassen: Er erzählt von den Menschen, die sich in ihm zur Gemeinde zusammengefunden haben.

Orte des Glaubens erleben

In diesem Buch werden 26 Sakralbauten in dem Gebiet zwischen Neckar und Alb, Rottenburg und Reutlingen vorgestellt, 13 sind evangelisch, 13 katholisch. In zweien finden Gottesdienste nur noch zu besonderen Anlässen statt. Alle gehören sie entweder zu den Kirchenbezirken Tübingen und Reutlingen oder zu den Dekanaten Rottenburg und Reutlingen-Zwiefalten. Bei allen Darstellungen handelt es sich um Porträts, nicht um Einträge in ein Lexikon. Eine vollständige Auflistung zum Beispiel aller in der Kirche befindlichen Kunstgegenstände wird man ebenso vergeblich suchen wie eine einheitliche Gliederung der Kapitel. Aber jede dieser Kirchen hat irgendetwas Besonderes. Manchmal ist es die Kunst, manchmal eine besondere Geschichte und manchmal ist das Wichtigste an einer Kirche die Gemeinde, für die sie der Mittelpunkt ist. Zudem erlaubt das Porträt auch eine gewisse Subjektivität. Die Auswahl erfolgte dementsprechend nach relativ zufälligen Kriterien und versucht einen möglichst vielfältigen Querschnitt durch den Sakralbau in der Region zu zeigen. Von der Wurmlinger Kapelle, die schon wegen ihrer einzigartigen Lage zum Wahrzeichen des Landkreises Tübingen geworden ist bis zur kleinen evangelischen Pfarrkirche in einem Reutlinger Vorort, von der romanischen Bergkapelle in Belsen bis zum Neubau in Mössingen reicht das Spektrum. Auch der Begriff „Dorfkirche" wird weit gefasst: Manchmal hat sich der Ort, in dem die Kirche steht, schon längst zur Stadt weiterentwickelt, manchmal gehörte die Kirche zu einem Kloster und war keine eigenständige Pfarrkirche. Wichtig war immer der persönliche Kontakt zu den Pfarrerinnen und Pfarrern, Mesnerinnen und Mesnern, Pastoralreferentinnen und Kirchengemeinderäten. Die einzelnen Kirchenporträts basieren im Wesentlichen auf dem, was diese Menschen in „ihren" Kirchen gezeigt und erzählt haben. So entsteht das bunte und vielfältige Bild einer Frömmigkeitslandschaft, die geprägt ist durch eine ungewöhnliche Kirchengeschichte, durch die Veränderung des ländlichen Raums im Laufe der Jahrhunderte und vor allem durch die Menschen, die diese Landschaft gestaltet haben.

Es ist durchaus möglich, dieses Buch von der ersten bis zur letzten Seite auf der Wohnzimmercouch zu lesen. Aber natürlich möchte es einladen und motivieren, sich auf diese Orte des Glaubens einzulassen. Die könnte man natürlich alle mit dem PKW abfahren. Vielleicht kommt man auf dem Weg zur Arbeit oder in die Stadt sowieso daran vorbei: dann lohnt es sich, anzuhalten und einmal in eine der Kirchen hineinzugehen, deren Türme schon von weitem zu sehen sind. Sicherlich lohnt ein Abstecher auf dem Sonntagsausflug oder der Einkaufstour.

Schöner ist es jedoch, diese Orte zum Ziel einer ganz persönlichen Pilgertour zu machen, sich auf die religiöse Reise einzulassen, den Weg und das Ziel miteinander in Einklang zu bringen. Religion und Reisen haben eine lange gemeinsame Tradition: Menschen machen sich auf den Weg, um Gott, den Mitmenschen und sich selbst neu zu begegnen. Diese Erfahrung macht man allerdings nur schwer im Auto, das uns zwar schnell von Ort zu Ort bringt, den Weg als solchen aber weitgehend ignoriert. Die Freude am Unterwegssein, an der Schönheit der Schöpfung und am Entdecken des eigenen Lebens- und Glaubenswegs stellt sich besser und leichter ein, wenn man bereit ist, sich ein bisschen anzustrengen und den Weg zum Ziel zu entschleunigen. Gehen Sie zu Fuß. Oder nehmen Sie das Fahrrad. In der Region gibt es zahllose wunderschöne Rad- und Wanderwege, die selbst zwischen den Industrie- und Gewerbegebieten um Reutlingen herum noch einen kleinen Streifen Grün entdecken lassen. Es ist auch möglich, mehrere Kirchenbesuche auf einer Fahrradtour miteinander zu verbinden. Ein normales Reiserad und eine durchschnittliche Grundkondition reichen dazu völlig aus, selbst der Aufstieg auf die Alb ist mit der nötigen Portion Geduld zu schaffen: Mit der allerkleinsten Übersetzung „treppelt" man sich Meter um Meter weiter nach oben und lässt das Tal mit all seiner Geschäftigkeit immer weiter unter sich. Es lässt sich Abstand gewinnen mit dieser langsamen Art der Fortbewegung. Sie schult das Gespür für Entfernungen, nicht nur für die geographischen sondern auch für die, die wir zwischen uns und die Welt gelegt haben oder zwischen uns und Gott. Nach einer solchen Reise eine Kirche zu betreten, müde und verschwitzt, den Fahrtwind noch im Gesicht, vermittelt wirklich das Gefühl, unterwegs zu sein, zu reisen wie die irischen Wandermönche, für die es Heimat allein im Himmel geben konnte.

Lyrik und Sichtbeton

St. Wolfgang in Pfullingen

Pfullingen ist schon längst eine Stadt und beim Anblick der modernen Kirche aus den 70er-Jahren inmitten viel befahrener Straßen kann von einem typischen Sakralbau im ländlichen Raum keine Rede sein. Aber St. Wolfgang ist ein fantastisches Beispiel für religiöse Traditionen und Glaubenskulturen in der zweiten Hälfte des 20. Jahrhunderts, in der die traditionellen Unterschiede zwischen Stadt und Land ebenso abnehmen wie die Konfessionsgrenzen.

Der Ort gehörte im 16. Jahrhundert zu Württemberg und deshalb lebten nach der Reformation bis ins 19. Jahrhundert keine Katholiken hier. Heute gibt es nicht nur eine katholische Kirche, die mitten in der Stadt und nicht in einem abgelegenen Wohngebiet beheimatet ist, sondern auch noch, wie ein Brückenschlag aus vorreformatorischen Zeiten, ein ehemaliges Klarissenkloster, das 1278 erbaut wurde und heute als Kulturzentrum genutzt wird. Erstaunlicherweise hat es trotz Bildersturm und profaner Umnutzung über die lange Zeit hinweg seinen spröden Zauber bewahren können. Mittelalterliches Kloster und moderne Kirche schaffen in Pfullingen eine besondere spirituelle Korrespondenz, die es wert ist, wahrgenommen zu werden.

Vom Betsaal zur modernen Kirche

Nach den napoleonischen Kriegen und der Gründung des württembergischen Königreichs konnte man bald überall im Land neue katholische Mitbürger begrüßen. Im Zuge der Industrialisierung, die in Reutlingen und Pfullingen besonders nachdrücklich betrieben wurde, kamen besonders viele Arbeitsuchende in die Stadt, unter denen zahlreiche Katholiken waren. Zunächst besuchten die Pfullinger Katholiken die Kirche in Reutlingen, aber weil der Kirchweg doch recht weit war, gründete man 1897 eine Filialkirche und kaufte für die junge katholische Gemeinde ein Grundstück mit einer Scheune, die mit Hilfe von Spendengeldern zu einem „gotischen" Betsaal umgebaut wurde, zu dessen Kirchenpa-

tron man den heiligen Wolfgang aus-
wählte.

Der heilige Wolfgang stammt
aus Pfullingen und war eine der he-
rausragendsten Persönlichkeiten des
10. Jahrhunderts. Er wurde um 924
geboren und auf der Klosterinsel
Reichenau ausgebildet. Eine Zeitlang
lebte er als Einsiedler, ging dann als
Missionar nach Ungarn und wurde
schließlich Bischof von Regensburg.
Diese Mischung aus Intellekt, Spiri-
tualität und politischem Engagement
macht ihn zu einem erstaunlich „modernen" Heiligen, der uns im Gegensatz zu vielen anderen noch erstaunlich nahe ist.

1899 konnte der neue Betsaal eingeweiht werden. Die Gemeinde, die

Fenster: Farbe und Licht

bereits aus über 500 Menschen bestand, entwickelte sich rasch weiter und
bekam 1921 ihren ersten eigenen Pfarrer. Allerdings wurde die Pfullinger
Kirche erst nach dem Zweiten Weltkrieg zu einer richtigen Stadtpfarrei
erhoben. Etwa zehn Jahre später konnte die Gemeinde in der Markt-
straße und der Braikestraße ein paar alte Häuser kaufen. Hier, also relativ
zentral, nur wenige Gehminuten vom Ortskern entfernt, sollte die Kirchengemeinde ihr Zentrum haben. Es dauerte noch einmal zehn Jahre,
bis man ernsthaft über den Bau einer größeren Kirche und eines Ge-
meindezentrums nachdenken konnte und 1970 begannen die Bauarbeiten für dieses große Projekt.

Wer bereit ist, Betonkirchen nicht von vornherein als hässlich abzu-
lehnen, sondern auch die Vorzüge dieses besonderen Werkstoffes zu erkennen vermag, findet in St. Wolfgang einen der eindrucksvollsten Sakralbauten der Region. Der Raum fasst die Gemeinde in einem Halbkreis
zusammen, fokussiert sie aber gleichzeitig auf den Altarraum, über dem
ein Auferstehungschristus schwebt, der seine Arme in segnender Gebärde nach oben erhebt. Der Christus in Pfullingen hat Angst und Tod

St. Irmengild

überwunden, ist freundlich und optimistisch, er lässt die Menschen zu sich kommen und gibt ihnen Kraft und Zuversicht.

St. Wolfgang wurde zunächst als klassische Sichtbetonkirche konzipiert und sollte möglichst leer bleiben, um eine besondere Betonung auf die Gemeinde zu legen, die sich um Christus versammelt. Mangelnde Erfahrung im Umgang mit dem neuen Baustoff Beton führte allerdings dazu, dass die Wände feucht wurden. Sie mussten unter einen speziellen Schutzputz gelegt und gestrichen werden. Im Rahmen dieser größeren Innenrenovierung wurde der Raum auch noch mit weiteren Figuren ausgestattet: Auf die 1900 angefertigte Skulptur des Kirchenpatrons St. Wolfgang wollte die Gemeinde genausowenig verzichten wie auf die einzige wirklich alte Heiligenfigur, einen St. Nikolaus von 1480. Dazu kamen noch einige Persönlichkeiten, die in direktem Bezug zu Pfullingen und dem seit dem 13. Jahrhundert hier existierenden Franziskaner- und Klarissenkloster standen.

Die neuen Skulpturen sind alle von der Pforzheimer Künstlerin Gisela Bär, die auch Altar, Ambo, Tabernakel und Sedilien aus Crailsheimer Muschelkalk gestaltet hat. Die Madonna wurde wie der Christus über dem Altarraum bereits 1972 gefertigt, die anderen kamen 1985 dazu. Es handelt sich um den heiligen Franz von Assisi, den Gründer des nach ihm benannten Ordens, der um 1237 in Pfullingen ein Kloster gründete, um den heiligen Antonius, das vielleicht prominenteste Mitglied dieses Ordens und um den heiligen Kuno von Pfullingen, der im 11. Jahrhundert lebte und 1066 zum Bischof von Trier ernannt wurde. Das Amt hat er jedoch niemals angetreten: Angeblich wurde er von skrupellosen Widersachern von einem Felsen zu Tode gestürzt. Eine Mitra hat er also nie getragen, sie liegt deshalb zu seinen Füßen.

Die selige Irmengild

Für den Ort von besonderer Bedeutung ist jedoch vor allem die selige Irmengild, die als die Begründerin des Pfullinger Klarissenklosters gilt. Der Frauenorden wurde von Franziskus und seiner Weggefährtin Clara Favarone 1112 in Assisi gegründet, im Unterschied zu den franziskanischen Bettelmönchen, die predigend durch die Lande zogen, lebten die Frauen jedoch in allerstrengster aktiver und passiver Klausur. Deshalb wurden die franziskanischen Frauengemeinschaften nach Clara von Assisi, die die Regel für diesen Orden verfasst hat, Klarissen genannt. 1251 gründen, so will es eine Chronik aus dem 16. Jahrhundert, die „edlen, wohlgeborenen Frauen Mechthild und Irmel von Pfullingen" das Frauenkloster. Irmengild wurde nie offiziell heilig gesprochen. Wer ein gutes Leben geführt und viel bewirkt hatte, wurde schnell als heilig verehrt. Die Künstlerin Gisela Bär sieht die selige Irmengild in der Tradition einer Schutzmantelmadonna: Lächelnd, ausgestattet mit sanften, liebevollen Gesichtszügen, rafft die Ordensfrau den weiten, weich fallenden Mantel ihres Habits zusammen, um so die Nonnen, die in dem von ihr gegründeten Kloster leben, in ihre Obhut zu nehmen. In der anderen Hand trägt sie ein Modell des Klosters.

Der Schutzmantel war im Mittelalter ein gebräuchliches Symbol der Rechtsprechung: Unter Umständen konnte man einer Strafverfolgung entgehen, wenn jemand bereit war, den Angeklagten auf diese Weise unter seinen Schutz zu nehmen: Kaum etwas symbolisiert das mittelalterliche Prinzip von Gnade und Barmherzigkeit besser als ein solcher Schutzmantel.

Franziskus, Antonius, Nikolaus, Kuno, Irmengild: Es sind alles ausgesprochen sympathische, den Menschen nahe stehende Heilige, die von den Wänden der Pfullinger Kirche auf die Gemeinde blicken, Persönlichkeiten, die Wärme und Zuversicht ausstrahlen. So hat Gisela Bär sie auch gestaltet, mit runden, weichen Formen, fließenden Bewegungen und weichen Konturen.

Die Beleuchtung des Kirchenraumes ist das einzige, was in diesem spannungsreichen Sakralraum wirklich misslungen ist: In den 70er-Jahren hatte man natürlich noch nicht die Möglichkeiten, die man heute hat, um einen Raum optimal auszuleuchten. So hängte man nachträglich Lampen auf, die nicht nur den Hallencharakter des Raumes empfindlich stören, sondern darüber hinaus ausgerechnet dort angebracht sind, wo niemand sitzt. Mit einem anderen Beleuchtungskonzept wäre diese konsequent moderne Kirche sicherlich noch eindrucksvoller.

Hymnen aus Glas und Pathos

Das wunderschöne, große Betonglasfenster hat der Stuttgarter Künstler Rudolf Hägele, ein bekannter Vitralist und langjähriger Leiter der Stuttgarter Kunstakademie, gestaltet. Farbe und Licht fließen förmlich in den Kirchenraum hinein. Rote und orangefarbene Formen fluten der Länge nach durch die Kirchen, erinnern an einen Himmel bei Sonnenaufgang, an Flammen oder an Lavaströme. Mit Elementen in verschiedenen Blautönen setzt der Künstler einen wirkungsvollen Kontrapunkt. Ist das Blau ein Ausblick in den Himmel oder das Wasser des Lebens? Jedenfalls ist es nichts Statisches. Das Fenster ist voll strömender Bewegung und nimmt den Betrachter in diese Dynamik mit hinein

Ausgangspunkt, Idee und Inspiration für dieses Kirchenfenster waren die „Hymnen an die Kirche", die die deutsche Schriftstellerin Gertrud von Le Fort 1924 geschrieben hat. Die mittlerweile ziemlich unbekannte Lyrikerin und Novellistin, deren Werk stark vom katholischen Glauben geprägt ist, ist 1971 im Alter von neunzig Jahren verstorben. Vor allem in der Nachkriegszeit galten ihre Erzählungen und Romane als ein wichtiger Teil der deutschen Literatur des 20. Jahrhunderts, 1949 hat Hermann Hesse die Schriftstellerin sogar für den Literaturnobelpreis vorgeschlagen.

Die „Hymnen an die Kirche" sind ein Dialog zwischen Seele und Kirche. In ekstatischen Texten wird die überzeitliche Kraft der katholischen Kirche beschworen, ihre Größe und Schönheit, die allen Anfechtungen der Welt zum Trotz ewigen Bestand haben wird. Gertrud von le Fort spart nicht an Pathos und lehnt sich in Wortwahl und Rhythmus, aber auch in der Metaphorik an alttestamentarische Hymnen wie die Psalmen und das Hohelied an. So beginnt zum Beispiel der Abschnitt „Passion":

„Fürchte dich nicht vor meinen goldenen Kleidern und erschrick dich nicht vor den Strahlen meiner Kerzen,
Denn sie sind alle nur Schleier meiner Liebe, sie sind alle nur wie zärtliche Hände über meinem Geheimnis!"

Auch die Bilder, die der Betrachter zu Farben und Formen des Fensters assoziiert, finden sich bei Le Fort:

„Du bist eine beständige Flamme über wirbelnder Asche!
Du bist wie ein Turm inmitten reißender Wasser!
Darum schweigst du so tief wenn die Tage lärmen,
denn am Abend fallen sie dennoch in dein Erbarmen."

Der nüchterne Kirchenraum mit den nahezu kahlen Betonwänden, die anmutigen, optimistischen Heiligenskulpturen, die bodenständigen einfachen Formen des liturgischen Mobiliars – vielleicht wäre das alles ein bisschen zu schlicht und sparsam für einen Kirchenraum. Der Mut zum Pathos, den das üppige Fenster beweist, hebt jede Betsaalatmosphäre auf und betont die Feierlichkeit des sakralen Raums.

Radikale Klarissen

Die besondere Gestaltung der Pfarrkirche verweist auf ihre Verbundenheit zu den beiden franziskanischen Klöstern, die im 13. Jahrhundert in Pfullingen beheimatet waren. Während das Männerkloster längst abgegangen ist – die Mönche sind bereits 1260 nach Reutlingen gezogen – steht das Klarissenkloster noch heute, nur eine knappe Viertelstunde Fußweg von der Kirche entfernt, am anderen Ende der überschaubaren Pfullinger Innenstadt. Erbaut wurde es 1278, über zwanzig Jahre nach der Gründung des Klosters. Es war der heiligen Cäcilia geweiht, die im dritten Jahrhundert lebte und den Märtyrertod starb.

Der Orden der Klarissen ist der vermutlich radikalste Frauenorden, den es überhaupt gibt. Die Frauen leben in kleinen Gemeinschaften in völliger Armut, strenger aktiver und passiver Klausur und beständigem Schweigen. Um die wichtigste Bedingung eines wohlgeordneten Frauenklosters, die Klausur, auch leben zu können, wollte Papst Urban IV. 1263 den Klarissen im Gegensatz zu den Franziskanern Besitz gestatten, um ihr Überleben zu sichern. Clara von Assisi protestierte heftig gegen diesen Kompromiss und kämpfte mit allen ihr zur Verfügung stehenden Mitteln um das von ihr für unbedingt notwendig gehaltene Armutsgelübde und sie war buchstäblich bereit, sich für ihre Überzeugung

zu Tode zu hungern. Als die Briefe an den Papst, in denen sie ihr Recht auf vollkommene Armut einforderte, wirkungslos blieben, trat sie in den Hungerstreik, bis der Papst schließlich vor ihrem festen Willen kapitulierte. Armut in der Nachfolge Jesu: Das bedeutete für die Ordensgründerin, nicht einmal einen Laib Brot annehmen zu können, denn dieser hätte ihr einige Tage als Nahrung gereicht und damit hätte sie über Besitz verfügt. Ebenso radikal war die Klausur: Die Nonnen verließen das Klostergebäude nie und außer dem Priester, der die Messe las und die Eucharistie mit ihnen feierte, hatte auch niemand Zugang zum Kloster.

Kaum Kontakt mit der Welt

Das Sprechgitter: Schweigen als Lebensentscheidung

War es doch einmal nicht zu vermeiden, mit der Außenwelt Kontakt aufzunehmen, so war dies auf Antrag und unter Aufsicht über ein Sprechgitter möglich. In Pfullingen ist dieses Sprechgitter noch erhalten. Die Nonne, die immer von zwei Schwestern begleitet wurde, musste sich auf die Zehenspitzen stellen, um an das Gitter heranzureichen, während der Gesprächspartner auf der anderen Seite knien musste. Der Blickkontakt war auf diese Weise erheblich eingeschränkt. Schweigen als Lebensentscheidung: Das ist ein sehr bewusster Verzicht auf Austausch, auf zwischenmenschliche Beziehungen. Wer vor diesem Sprechgitter steht, sei es draußen auf der Straße oder im Kloster, kommt nicht umhin, sich über die besondere Qualität Gedanken zu machen, die das Sprechen bekommen kann, wenn man bereit ist, ihm so einen außergewöhnlichen Platz zuzumessen. Angesichts der Geschwätzigkeit der Welt wird das Schweigegebot der mittelalterlichen Klarissen plötzlich zu einer durchaus wohltuenden Alternative. Während das Fenster der Kirche auf das ekstatische

Sprechen in der religiösen Lyrik Gertrud von Le Forts anspielt, löst das Gitterfenster des Klosters Gedanken über die Unmöglichkeit von Nähe und Kommunikation aus.

1981 wurde das Kloster, das seit der Reformation verschiedenste profane Nutzungen erlebt hatte, renoviert. Seitdem sind die wunderschönen frühgotischen Architekturmalereien wieder zu sehen, die in Europa einzigartig sind: Die klare Ornamentik der Fresken mit dem Lebensbaum als immer wiederkehrenden Motiv verweist auf die Geradlinigkeit und Einfachheit der franziskanischen Ordensregel.

In den 50er-Jahren war der Neske-Verlag in dem Klarissenkloster untergebracht. Der Verleger Günter Neske benutzte für seine Korrespondenz gerne eine Postkarte, auf der das Sprechgitter des Klosters abgebildet war. Eine solche Karte schickte er 1957 dem Dichter Paul Celan, der gerade nach Wien gekommen war. Hier hatte er Jahre zuvor eine intensive und komplizierte Liebesbeziehung mit Ingeborg Bachmann erlebt. Natürlich wird Celan sich bei seinem Aufenthalt in Wien an die Zeit mit Bachmann und die unmögliche Liebe erinnert haben. In dem Gedicht „Sprachgitter" verbindet sich das Wissen um die aussichtslose Nähe zu der Geliebten mit dem um die Schwierigkeit der Kommunikation.

Das Trennende selbst wird zum Inhalt des Sprechens: „Wir sind Fremde", schreibt Celan und stellt in seinem Gedicht fest, dass angesichts des gestörten, unmöglichen Sprechens nur die visuelle, stumme Kommunikation bleibt.

„Die Fliesen. Darauf
dicht beieinander, die beiden
herzgrauen Lachen:
zwei
Mundvoll Schweigen."

Der besondere Tipp

Nehmen Sie die Gedichte von Paul Celan und Gertrud von Le Fort mit und lesen Sie sie vor Ort – am besten laut.

Die Erde mit dem Himmel verbinden

St. Marien in Bronnweiler

Wem es gelingt, die Gewerbegebiete zwischen Gomaringen, Mössingen und Reutlingen zu umfahren, der findet noch wunderschöne einsame Fahrradwege, auf denen er das „anmutig im grünen Tal der Wiesaz eingebettete altreutlingische Pfarrdorf" Bronnweiler erreichen kann, genauso wie einer der zahllosen Pilger, die im 14. und 15. Jahrhundert hierher gekommen sind, und wie es der Prälat D. Metzger 1965 noch in einem Kirchenführer beschrieben hat. Die Kirche ist mittendrin, zwischen Pfarrhaus, Scheuer, Schule und Feuerwehr, und bildet mit diesen einen traditionellen Dorfkern. Natürlich führt auch durch Bronnweiler eine viel befahrene, ausgebaute Straße, die das Dorf in zwei Hälften schneidet. Aber in den 70er- Jahren hat man mit umfangreichen Baumaßnahmen den Bereich um die Kirche neu gestaltet und so eine idyllische Ortsmitte geschaffen, in der die Kirche eine wichtige Rolle spielt.

Von außen wirkt das Gebäudeensemble mit dem gedrungenen Turm, der kaum höher ist als der Chor und den weiß verputzten Wänden nur wenig beeindruckend. Das Auffälligste ist der riesige Mammutbaum daneben, der den Turm um einiges überragt. Aber wer durch die Tür im Westen in das niedrige und dunkle romanische Schiff eintritt und in den lichten und weiten gotischen Chorraum hineinschaut, der versteht sofort, warum die Marienkirche in Bronnweiler als eine der schönsten gotischen Dorfkirchen gilt.

Finsteres Mittelalter und lichte Gotik

Chor und Schiff bilden einen eigenartigen Kontrast. In das romanische Kirchenschiff wurden zwar nachträglich gotische Maßwerkfenster eingesetzt, dennoch wirkt es schwer und dunkel. Die wuchtige Holzdecke und die verblassten Wandmalereien, auf denen die Gesichter der Figuren kaum noch zu erkennen sind, versetzen den Besucher in längst vergangene Zeiten, in ein „finsteres" Mittelalter. Der Chor ist dreihundert Jahre jünger und vermittelt einen vollkommen anderen Eindruck: Ein heller, weiter Raum, der mit großer Dynamik in die Höhe, in den Himmel zu schwingen scheint. Es hat Zeiten gegeben, in denen dieser Gegensatz als zusammenhanglos empfunden wurde und man sich eine andere Lösung gewünscht hätte. Glücklicherweise ist es nie dazu gekommen, und noch heute kann sich der Besucher fühlen wie die Gläubigen voriger Jahrhunderte: Geborgen, aber auch gefangen in der Erdenschwere des Kirchenschiffs, blickt man in die freie Weite des Chores wie auf das Versprechen der kommenden Welt.

Der Ortsname lässt vermuten, dass es sich um einen Brunnen handelt, dem das Dorf seine Entstehung verdankt. Tatsächlich lässt sich der Name auf einen Clanführer namens Bruno zurückführen, der mit seinem Gefolge hier gesiedelt hat. Aber es gab auch eine Quelle und ursprünglich lag hinter der Kirche ein See. In vorchristlichen Zeiten war hier eine Kultstätte, an der die Fruchtbarkeitsgöttin Freya angebetet wurde.

Zwischen 600 und 700 kamen iroschottische Wandermönche in die Gegend und begannen die Bevölkerung zu missionieren. Diese Mönche waren Pilger, die gelobt hatten, auf Erden „an keiner Stätte zu ruhen", um das Wort Gottes in ihrem irdischen Leben möglichst weit verbreiten zu können. So zogen sie kreuz und quer durch Europa. Einer dieser Mönche hat vermutlich eine Zeit lang in einer Einsiedelei zwi-

Romanische Wandmalereien

schen Mössingen und Öschingen gelebt, wo er eine kleine Kapelle und seine Behausung hatte. In Bronnweiler wandelte man die heidnische Kultstätte in eine christliche Kirche um. Die erste Steinkirche wurde in Bronnweiler 746 erbaut. Als während einer größeren Renovierung in den 60er-Jahren der Boden archäologisch untersucht wurde, fanden sich im Rahmen dieser Ausgrabungen schräg gestellte Bretter, vermutlich von Särgen. Die Grabstätte ist sicher vor der Errichtung des ersten Kirchenbaus entstanden, eine genaue Datierung ist wegen mangelnden Fundmaterials nicht möglich. Vielleicht hat der irische Wandermönch hier seine letzte Ruhe und seine himmlische Heimat gefunden.

Von Freya zu Maria

Die neue Kirche weihte man Maria. Aus der Göttin wurde eine Muttergottes, der Grund für die Anbetung blieb jedoch derselbe: Vor allem kinderlose Frauen kamen nach Bronnweiler, um dort an heiliger Stätte um Nachwuchs zu bitten. Davon zeugt noch heute das hölzerne Gnadenbild, das im 15. Jahrhundert für die Kirche angefertigt wurde. Heute ist es leider nicht mehr zu sehen ist, weil es 1895 an die königliche Altertümersammlung in Stuttgart verkauft wurde. Die Skulptur stellt eine sogenannte „Maria in der Hoffnung" dar, eine wunderschöne, hochschwangere junge Frau. Um ähnlich gesegnete Umstände zu bitten, muss den Gläubigen angesichts dieser aufblühenden Mütterlichkeit leicht gefallen sein.

In der mittlerweile evangelischen Marienkirche befindet sich nirgends eine Figur der Muttergottes. Aber die beeindruckenden Wandmalereien im Kirchenschiff lassen ahnen, dass Episoden aus dem Marienleben in der Ausstattung der Kirche einen großen Raum einnahmen und Maria die zentrale Gestalt war, der sich die Menschen zuwandten. Als die Kirche in den 60er-Jahren renoviert wurde, ist man mit diesen Malereien glücklicherweise sehr behutsam verfahren. Es wurden lediglich die Reste gesichert, alle Bauschichten und Malschichten hat man übereinander belassen. Es handelt sich um sogenannte a-secco-Malereien, die im Gegensatz zu Fresken auf den bereits trockenen Putz aufgetragen werden. Fachleute erkannten fünf verschiedene Malperioden: Die ersten Bilder stammen von 1150, es folgen weitere um 1275, um 1350 und um

1470. Die letzten Malereien wurden noch um 1700 angefertigt. Aber
auch schon beim genaueren Hinsehen lässt sich erkennen, dass die oberen Bilder, über dem Mäanderfries,
deutlich jünger sind als die darunter.
Nicht nur, weil sie ein bisschen besser erhalten sind als die anderen und
die Farben noch ein wenig kräftiger
leuchten, sondern vor allem, weil sie
bereits über eine Perspektive verfü-
gen, während die mittleren Bilder
noch völlig zweidimensional sind.
Die Motive sind nur schwer zu erkennen: An der Nordwand sieht
man Jesus, der das Kreuz durch die
Menschenmenge trägt, in der auch
Veronika steht, das Schweißtuch mit
dem Abdruck von Jesus' Gesicht in
den Händen. An der Südwand findet auch der ungeübte Betrachter

Gotischer Konsolträger

ziemlich schnell die Osterszenen: Maria und Magdalena vor dem leeren Grab, daneben der Moment, an dem die Frauen dem Auferstande-
nen begegnen. Die Art der Darstellung lässt vermuten, dass der oder die
Künstler ihre Ausbildung im Kloster St. Gallen oder auf der Insel Reichenau erhalten hatten. Typisch für den Malstil dieser Schulen sind die
eingezogenen Köpfe und die weit auseinanderstehenden, parallel ver-
laufenden Beine.

Die Entscheidung, die Bilder nicht zu rekonstruieren, macht nicht nur
deren Alter deutlich sichtbar, sondern lässt den Betrachter auch ahnen,
wie viele Generationen vor ihm diese Kirche bereits aufgesucht haben,
um angesichts dieser Bilder an Gottes österliches Versprechen erinnert
zu werden. Die mittlerweile leeren Gesichter der Figuren entsprechen
dieser Zeitlosigkeit: Sie entindividualisieren die Figuren, machen sie zu
Platzhaltern, an deren Stelle auch ein anderer, der gläubige Betrachter
zum Beispiel, treten könnte.

Ein Chorraum für das Seelenheil

Die eigenartige Abgrenzung der Wandmalereien ist wahrscheinlich der Tatsache zu verdanken, dass es sich bei dem vorderen Drittel des romanischen Schiffes um den ursprünglichen Altarraum handelt. Nachdem sich die Marienkirche zu einem großen Wallfahrtsort entwickelt hatte, an dem in der zweiten Hälfte des 14. Jahrhunderts nicht weniger als vier Priester Dienst taten, entstand der Wunsch nach einem neuen Chorraum. Heinrich Spiegel, ein Reutlinger Patrizier, hat den Grundstein für diesen Chor legen lassen und den Chorbau weitgehend finanziert. So steht es über der Tür, die vom Chor zum Turmaufgang führt: „Anno domini M CCCC XV an dem dritten tag des manet abrellen leit hainrich spiegel den ersten fundimentstein an dem chore." Über der Inschrift ist das Wappen dieser alten Reutlinger Familie zu sehen, das natürlich einen Spiegel darstellt. Wie auch bei anderen Kirchen in der Region ist eine Privatperson Bauherr, nicht der ganzen Kirche, aber doch eines wesent-

Der Chorraum: hoch und licht

lichen Teils davon. Das kostete sehr viel Geld. Aber der Bauherr tätigte eine solide Investition: Er hatte nicht nur etwas geschaffen, was ihm dem ewigen Seelenheil ein gutes Stück näher bringen würde, sondern auch seinen Namen und den seiner Familie über mehrere Generationen denen in Erinnerung gebracht, die die Kirche betraten. Dieses Erinnern ist in der Frömmigkeitskultur des Mittelalters ein wichtiges Instrument. Indem man für die Seele eines Verstorbenen betete, konnte man bei Gott ein gutes Wort für ihn einlegen und ihn so gewissermaßen aus dem Fegefeuer hinaus- und in den Himmel hineinbeten.

Wenn man der Überlieferung glauben soll, wurde länger als siebzig Jahre an dem Chor gebaut. Zwischendurch fehlte es an Geld und der Bau konnte nur weitergeführt werden, wenn es die Einkünfte aus der Wallfahrt erlaubten. Aber einer der Schlusssteine des Chores zeigt noch einmal das Wappen Heinrich Spiegels, und so kann man davon ausgehen, dass er oder seine Familie bis zum Schluss am Bau des Bronnweiler Chores maßgeblich beteiligt war.

Der Chor ist ausgesprochen großzügig angelegt. Das geräumige Chorgestühl, das um etwa 1500 in die Kirche gekommen ist und mit seiner aufwändigen und eleganten Flachschnitzerei an das in St. Mauritius in Ofterdingen erinnert, lässt vermuten, dass an hohen Feiertagen zahlreiche Geistliche zusammen kamen, um all denen die Beichte abzunehmen, die an der Wallfahrt teilnahmen und um den ersehnten Kindersegen baten.

Ein besonders schönes Detail im Chorgewölbe sind die neun Basissteine, auf denen die das Chorgewölbe tragenden Steinrippen ruhen. Sie zeigen lauter Monster und Fratzen. Alle Mächte und Gewalten der Finsternis scheinen hier zu einem schaurigen Stelldichein versammelt. Jedoch sind sie gebannt, Gott hat sie sich dienstbar gemacht, denn sie müssen das Gewölbe des Gotteshauses tragen. Der Mensch, der in der Welt Angst haben muss vor all diesen Dämonen, kann sich deshalb vor ihren Angriffen in der Geborgenheit der Kirche sicher fühlen. Sie sind zwar noch da, aber sie können demjenigen, der sich dem Schutz Gottes anvertraut, nichts mehr anhaben.

Es sind aber nicht nur die räumliche Weite, die reiche Gliederung oder die aufwändige Ausstattung, die den Chor zu einem der schönsten Kirchenbauten der Region machen. Am meisten besticht das Bauwerk durch seine schwungvolle, zum Himmel strebende Dynamik: Der Raum nimmt den Betrachter regelrecht in die Bewegung hinein. Den Baumeistern ist dieser Eindruck mit mehreren Maßnahmen gelungen. Zum einen hat der Chor nicht, wie es normalerweise üblich ist, in der Mitte ein Fenster, das senkrecht zur Achse der Kirche steht, sondern einen Pfeiler. Indem die Mittelachse auf diesen Pfeiler zuführt, findet das Auge keine gerade Fläche, um sich darauf auszuruhen, sondern wird ständig nach rechts oder links abgelenkt. Der Blick weitet sich. Zum anderen fehlen die Dienste, das sind die Halbsäulen an den Wänden, aus denen die Rippen des Gewölbes erwachsen, die häufig sogar noch auf Gesimsen, sogenannten Kapitellen, ruhen. In der Marienkirche in Bronnweiler wachsen die Gewölberippen direkt aus der Wand und zwar im zweiten oberen Drittel der sowieso schon sehr hoch angesetzten Fenster. Damit erreicht der Baumeister, dass der Blick des Betrachters förmlich nach oben gezogen wird. Und schließlich sitzen die Gewölbefelder im Abschlussvieleck nicht schmal und dicht gedrängt nebeneinander wie es bei vielen gotischen Chören zu sehen ist, sondern bilden ein schönes Sterngebilde mit nur zwei Schlusssteinen, die Gewölbefenster können so breit und ruhig nach Osten ausschwingen. Wer es probieren möchte, kann sich unter den Chorbogen stellen und in den Chor hineinschauen. Beim Einatmen den eigenen Atem an den Rippen rechts und links der Mittelfenster bis zum Schlussstein emporwachsen lassen, um mit ihm dann beim Ausatmen am Gewölbe wieder hinab zu gleiten. Es ist erstaunlich, wie sich die großzügige Weite des Chores plötzlich im eigenen Körper spüren lässt.

Der besondere Tipp

Bronnweiler war nicht nur eine Wallfahrtskirche, sondern auch eine Wehrkirche. Die Sakristei konnte man sogar komplett verbarrikadieren, das einzige Fenster ließ sich mit einem schweren hölzernen Laden verschließen, sodass man sich dort wirklich gut verstecken konnte. Vor allem wer mit Kindern nach Bronnweiler kommt, sollte sich unbedingt einmal hineinführen lassen. Schon der riesige Schlüssel, der aus einem Stück geschmiedet wurde, ist einen Abstecher wert.

Romantische Romanik
mit Kreuz und Rose

St. Martin in Ohmenhausen

Die Martinskirche in Ohmenhausen ist ein kleines, kompaktes Gotteshaus, das mit seinem massigen Turm, dem man die 32 m Höhe kaum glauben mag und dem bodenständigen Gönninger Tuffstein genauso aussieht, wie man sich eine mittelalterliche Dorfkirche vorstellt. Eine Kirche aus einer Zeit, in der das Wünschen noch geholfen hat, als tapfere Ritter durch dichte deutsche Wälder galoppierten und die Mädchen am Brunnen voller Anmut und Liebreiz waren. Aber so wenig, wie diese Bilder mit dem realen Mittelalter zu tun haben, so wenig ist auch die Martinskirche eine romanische Kirche.

Das ist schon historisch unmöglich, denn Ohmenhausen war lange Zeit gar keine selbstständige Pfarrei, sondern gehörte zu Reutlingen. Die Verstorbenen bestattete man mangels eigenen Friedhofs in Mähringen und noch heute wird ein Fußweg ins Nachbardorf „Totenweg" genannt. Vermutlich erst seit dem späten 14. Jahrhundert hat es eine kleine Kapelle gegeben, die dem heiligen Nikolaus geweiht war. Dieses Kirchlein wurde 1697 zu einer Pfarrkirche aufgewertet. Im 19. Jahrhundert, als immer mehr Menschen in die Dörfer rund um Reutlingen zogen, wurde die Kirche zu klein und man entschied sich zu einem Neubau, der 1885 fertiggestellt wurde. Baumeister war kein Geringerer als der renommierte Christian Friedrich von Leins, der leitende Architekt und Berater des Vereins für

St. Martin

christliche Kunst in der evangelischen Kirche Württembergs. Ohmenhausen war damals eine arme Gemeinde und hätte sich einen solchen Architekten für die Pfarrkirche niemals leisten können. Aber von Leins war mit dem damaligen Pfarrer eng befreundet und so fertigte der Architekt die Entwürfe für die Kirche seines Freundes kostenlos an.

Der damals bereits siebzigjährige Christian Friedrich von Leins hat den Kirchenbau im Deutschland des 19. Jahrhunderts entscheidend mitgeprägt. Bereits in der ersten Jahrhunderthälfte begann eine lebhafte Auseinandersetzung darüber, wie eine „richtige" Kirche auszusehen hätte. Mittlerweile waren nicht mehr Ortsherren oder Klöster Bauherren der Kirchen, sondern die Kirchen wurden von staatlichen Baubeamten geplant und gebaut. Damit wurde die Sakralarchitektur zunehmend zu einer Angelegenheit öffentlichen Interesses, der Kirchenbau genoss höchstes Ansehen und wurde als besondere Herausforderung angesehen.

Eine besonders protestantische Kirche

In Ohmenhausen mischt von Leins romanische und gotische Elemente, legt dabei aber größten Wert auf den Bezug zur Heimat und schafft vor allem eine sehr protestantische Kirche. Es scheint, als hätte man sich in Ohmenhausen besonders deutlich von jedem Verdacht an katholische Anklänge abgrenzen wollen: So war der Kirchengemeinderat sich schnell einig, dass zur Einweihungsfeier kein Abendmahl gefeiert werden solle und noch heute legt der ehemalige Pfarrer von Ohmenhausen Wert darauf, dass die Kirche 1885 nicht geweiht, sondern nur in Betrieb genommen wurde.

Diese besonders protestantische Haltung spiegelt die Kirche durchaus wider: Der Chor ist gerade noch vorhanden, aber selbst für die kompakte Martinskirche ziemlich klein. Taufbecken, Altar und Kanzel bilden eine zusammenhängende Einheit und es ist nicht der Altar, sondern die wuchtige Kanzel, die jedem Kirchenbesucher sofort ins Auge springt. „Sola scriptura", die Verkündigung von Gottes Wort in der Predigt ist es, das den Mittelpunkt des Gottesdienstes bildet, nicht das Abendmahl, das nur noch als „sacramentum" verstanden wird, keinesfalls aber als „sacrificium". Der Altar ist kein Opfertisch mehr, sondern verweist mit der aufgeschlagenen Bibel, die keinesfalls nur ein „Schaubrot" ist, sondern zum Lesen anregen will, auf die Gegenwart Christi in seinem Wort.

Alle romanischen und gotischen Kirchen sind vor der Reformation erbaut worden und wurden ab dem 16. Jahrhundert höchstens umfunktioniert. Das bedeutet, dass viele Gestaltungselemente, die vom 12. bis zum Ende des 15. Jahrhunderts völlig selbstverständlich waren, im evangelischen Kirchenbau nicht mehr möglich sind: Schlusssteine mit den Abbildungen von Heiligen, Portale voller Fabelwesen, die die unendliche und unvorstellbare Vielfalt von Gottes Schöpfung symbolisieren, Mengen himmlischer Heerscharen als Mittler zwischen Gott und den Menschen haben weitgehend ausgedient. Es ist also nötig, sich etwas Neues auszudenken, das dem Bedürfnis der Menschen nach festlichem Schmuck entgegenkommt, gleichzeitig aber schlicht genug ist, um der Forderung nach protestantischer Bescheidenheit zu genügen. Für Christian Friedrich von Leins werden deshalb Kreuz und Rose zu den wichtigsten dekorativen Elementen im Kirchenbau: Das Kreuz als Sinnbild des Glaubens und der Versöhnung, die Rose als Symbol der Liebe finden sich nicht nur in der Architektur immer wieder, als Fensterform oder Giebelabschluss, sondern auch in der Innenausstattung, auf den Wangen der Kirchenbänke, am Kanzelfuß oder am Taufbecken.

Typisch für diese Schlichtheit ist auch der Baustoff selbst: von Leins verwendet ausschließlich Material aus der Region: Sandstein und Gönninger Tuff für den Baukörper, der Fußboden der Kirche wird mit Solenhofener Kalkstein von der Ostalb angefertigt: Bodenständigkeit und Sparsamkeit gelten als sowohl christliche wie nationale Tugenden. Den Stein unverputzt zu lassen entsprach der Vorstellung, die man sich von einer „echten" mittelalterlichen Kirche machte. Die liebenswerte Verbindung, die Romanik und Romantik in der Ohmenhausener Martinskirche eingegangen sind, bereitete den Bewohnern des Ortes zunächst noch Schwierigkeiten. Die Kirche sei „protzig und fremd", ihr neuromantisches Flair völlig unpassend.

1959 fand die erste größere Renovierung statt und dem Geist der Zeit entsprechend wurde selbst dieses so sehr evangelische Kirchlein noch als überladen angesehen. Überall, wo es möglich war, sägte man am Holzwerk die Rosetten ab, dieses so wesentliche neugotische Ornament galt auf einmal als kitschig und unpassend für einen Sakralbau. Die Bemalung des Taufsteins wurde entfernt und seine Form vereinfacht. Und schließlich wurde die von Leins angefertigte Quaderbemalung der Innen-

Christus als Weltenrichter

wände übermalt und der ganze Kirchenraum einfach weiß gestrichen. Letzteres hatte allerdings auch einen persönlichen Grund: Der damalige Pfarrer hatte lange Zeit in russischer Kriegsgefangenschaft verbracht und wünschte sich deshalb unbedingt einen möglichst hellen Kirchenraum.

Ein vorreformatorisches Element wurde im Rahmen dieser Neugestaltung allerdings wieder eingeführt: 1536 waren auf Befehl des Herzogs Ulrich auf allen Altären der württembergischen Kirchen die Kerzen ausgeblasen worden. Bis 1959 hatte man sich in Ohmenhausen an diese Vorschrift gehalten und auf Altarkerzen verzichtet. Nach dem Zweiten Weltkrieg veränderte sich jedoch die Bevölkerungsstruktur des Dorfes, Flüchtlinge, Heimatvertriebene und Menschen aus anderen Teilen Deutschlands zogen in die Ortschaften rund um Reutlingen. Sie alle waren es gewöhnt, Kerzen auf dem Altar zu haben und so bürgerte sich die Altarkerze, deren Flamme an die Göttlichkeit Jesu und deren schmelzendes Wachs an seine vergängliche Menschlichkeit erinnert, wieder ein.

Christus ist stets gegenwärtig

Das Kreuz auf dem Altar und das Chorfenster stammen von dem Stuttgarter Künstler Rudolf Yelin (1902–1991), der aus einer Familie von Pfarrern und Kirchenmalern stammte. Yelin hatte nach dem Besuch der Kunstgewerbeschule Stuttgart eine Ausbildung in der Glasmalerei Valentin Saile gemacht, bevor er an die Kunstakademie Stuttgart ging. Die Glasmalerei blieb seine Lieblingstechnik, aber er fertigte auch Wandmosaike und sakrale Gegenstände an. Das Kreuz hat keine Christusfigur und verweist so bereits auf die Auferstehung, allerdings schimmert das

Kreuz durch das einfallende Sonnenlicht oft so, dass man in den eingravierten Linien hin und wieder doch so etwas Ähnliches wie eine menschliche Gestalt erahnen kann. Christus ist zwar unsichtbar, aber stets gegenwärtig. Deshalb rückt ihn das Chorfenster auch in den Mittelpunkt der Kirche: In der unteren Bildhälfte ist eine Kreuzigungsszene zu erkennen, auf der Jesus seine Arme segnend über Maria und Johannes ausbreitet. Links und rechts sind Paulus und der Prophet Jesaja zu sehen: Paulus verbreitet als erster Missionar Gottes Wort in der Welt, Jesaja ist der erste Prophet Israels, der den zukünftigen Messias verheißt.

Über dieser in dunklen Blau- und Brauntönen gehaltenen Kreuzigungsszene thront Christus als Weltenrichter auf einem Regenbogen, der sich bei genauerem Hinsehen als vollständige Weltkugel entpuppt. Zu Seiten dieses triumphierenden Himmelskönigs in seinem strahlend hellen Gewand knien zwei Engel, einer bläst die letzte Posaune des Jüngsten Gerichts, der andere hält eine Gesetzestafel. Auf dieser fehlt die Zahl vier, das vierte Gebot: „Du sollst Vater und Mutter ehren." Warum ausgerechnet das ausgelassen wurde, ist nicht bekannt. Die beiden Engel verbinden wie Jesaja und Paulus das Alte mit dem Neuen Testament. Beide scheinen in dem Himmlischen Jerusalem, das über dem Haupt Christi angedeutet wird, aufzugehen.

Das Fenster mit seiner klaren Bildersprache und seiner Konzentration auf die allerwesentlichsten Aussagen des Christentums fasst das Programm der Ohmenhäuser Martinskirche bildkünstlerisch perfekt zusammen: Nichts darf ablenken von der Gegenwart Gottes, die sich vor allem in den Worten seines Sohnes manifestiert.

Der besondere Tipp

Laufen Sie gern? Dann ist der traditionelle Frühjahrsvolkslauf des Sportvereins Ohmenhausen e.V. der beste Start in die Laufsaison: Läuferinnen und Läufer aller Altersstufen finden in Ohmenhausen einen schönen, anspruchsvollen Rundkurs: Das Auf und Ab der hügeligen Landschaft des Voralblandes macht die 10 km Strecke besonders reizvoll. Informationen finden Sie unter www.sv-ohmenhausen.de

Ein Anziehungspunkt für Altertumskenner

St. Johannes in Wannweil

Die Johanneskirche in Wannweil ist eine der ältesten Kirchen Württembergs und ganz bestimmt das älteste Bauwerk in dem kleinen Ort zwischen Tübingen und Reutlingen. Von außen wirkt die Kirche mit ihrer kompakten Form und den kleinen Fenstern fast wie ein Befestigungsbau, eine kleine Gottesburg: Dazu trägt vor allem die geschlossene Westfassade aus dem 11. Jahrhundert bei, das sogenannte Westwerk. Mit der Blendbogengliederung und dem imposanten Giebel ist sie eine richtige Schutzmauer, vor der auf dem Tympanon über dem Portal Johannes der Täufer mit dem Lamm zu sehen ist. Auch der auffällige Turm in der Südwestecke hat etwas Burgartiges, die winzigen Rundbogenfenster in den unteren Geschossen tragen ebenso zu diesem Eindruck bei wie die Fialen am Übergang vom viereckigen Geschossbau zur achteckigen Spitze: Sie lassen fast an die Vierflügelanlage eines militärischen Funktionsbaus denken.

Wärme und Geborgenheit

Von dieser nicht gerade bedrohlichen, aber doch ein wenig abweisenden und einschüchternden Atmosphäre ist nichts mehr zu spüren, wenn man den Kirchenraum betritt. Die Johanneskirche in Wannweil ist, so seltsam das für einen Kirchenraum auch klingen mag, gemütlich. Es ist gleichgültig, ob man unten im Schiff oder auf einer der Emporen Platz nimmt, immer ergeben sich neue Raumeindrücke zwischen dem Gestühl, den Säulen, dem unterschiedlich gestalteten Holzwerk, dem Blick in den Chorraum oder über die Kanzel. Man hat nicht immer die direkte Sicht auf Chor oder Kanzel, aber man hat immer das Gefühl, sich in einem schützenden Raum zu befinden. Die Kirche hat einen fast nestartigen, unglaublich bergenden Charakter, es ist hier sehr heimelig und warm.

Dieser Kontrast zwischen dem Außen und dem Innen der Johannes-kirche ist nicht nur dem wohnlichen Dielenfußboden oder den hellen, freundlichen Farben des Holzwerks geschuldet, sondern vor allem dem behutsamen Umgang mit der alten Bausubstanz über die Jahrhunderte hinweg. Die Baumeister der einzelnen Umbauphasen sind fast immer mit großem Respekt vor ihren Vorgängern zu Werke gegangen und haben es so geschafft, die Kirche immer wieder den Bedürfnissen der jeweiligen Zeit anzupassen. Es ist diese Kontinuität, die die besondere Atmosphäre in dieser schönen Kirche schafft.

Die Kirche steht auf dem Gelände eines römischen Gutshofes, einer villa rustica. In der Turmkapelle hat man Fischgratmauerwerk freigelegt, das vermutlich noch aus dieser Zeit, also aus dem 2. Jahrhundert stammt. Ob es sich um ein militärisches Gebäude oder um eine Kultstätte ge-handelt hat, die hier stand, weiß man nicht, aber vermutlich besteht ein Zusammenhang mit einem alten Kirchenbau. Es muss schließlich einen Grund gegeben haben, eine steinerne Kirche ausgerechnet hier und nicht irgendwo anders zu bauen.

Kirche und Pfarrgarten

Säulen und Emporen

Erwähnt wird eine Johannes dem Täufer geweihte Kirche erstmals 1275, aber der Mittelteil der Westfassade und die unteren Stockwerke des Turms sind älter und stammen aus dem 11. Jahrhundert. 1488 wurde der Chor neu gebaut, damals gehörte die Kirche zum Reutlinger Spital, mit Reutlingen wurde hier 1530 auch die Reformation eingeführt.

Das Kirchenschiff, die querhausartig gestalteten Bauteile und der Anbau im Osten gehen auf eine riesige Umbaumaßnahme von 1890 zurück. Sie war nötig geworden, weil die Gemeinde unbedingt mehr Platz brauchte.

Im 19. Jahrhundert waren alle erwachsenen Dorfbewohner verpflichtet, in die Kirche zu gehen und es gab sogenannte Umgänger, die sonntags von Haus zu Haus gingen und kontrollierten, dass niemand ohne triftigen Grund dem Gottesdienst fernblieb. In Wannweil konnte man dieses Gesetz jahrzehntelang gar nicht durchführen, weil die Kirche einfach zu klein war. Immer wieder gab es Eingaben, die Kirche zu vergrößern und 1890 wurde dieses Vorhaben endlich realisiert. Die Kirche wurde so vergrößert, dass fast sechshundert Leute hineinpassten, die auf zwei Etagen saßen, mindestens ein Drittel der Gottesdienstbesucher fand auf den Emporen Platz. Vor etwa fünfzig Jahren hat man sogar ein paar Bankreihen herausgenommen, um sich etwas mehr Luft zu verschaffen und damit rund hundert Plätze wieder entfernt, aber fünfhundert Plätze sind für das Dorf immer noch eine stattliche Anzahl. Allerdings ist die Kirche nicht nur an Weihnachten trotzdem voll: Nach Ostern findet hier immer ein Motorradgottesdienst statt, der viele Menschen aus nah und fern anzieht.

Mit der umfassenden Renovierung wurde der Stuttgarter Architekt Heinrich Dolmetsch beauftragt. Um die romanische Westfassade und den spätgotischen Chor erhalten zu können, wurde das Kirchenschiff radikal verändert: Heinrich Dolmetsch entwarf einen dreischiffigen Innenraum, der verhältnismäßig breit ist. Eigentlich ist die Kirche jetzt quadratisch, aber durch die Säulen und die Ausrichtung auf den Chor wirkt sie schmaler. Die Arkaden gewähren einen freien Blick auf das Mittelschiff und die zweizonige Fensteranordnung nimmt auf die Anlage der Emporen Bezug. Natürlich stellt sich die Frage, ob es wirklich nötig ist, die Gemeindemitglieder regelrecht übereinander zu stapeln, aber der „Notbehelf", für den die Emporen angesehen wurden, hatte für den begabten Akustiker Dolmetsch durchaus auch den Vorteil, dass der Klang der Orgel sich in diesem Raum besonders gut entfalten konnte. Die Vergrößerung ist insgesamt gut gelungen, denn trotz der quadratischen Form bleibt der Raum auf den Chor zentriert, betont aber gleichzeitig das Miteinander in der Gemeinde.

Heinrich Dolmetsch war nicht nur an der romanischen und spätgotischen Bauhülle interessiert, sondern auch an vielen Details der Johanneskirche. In einem Brief, den er 1890 an den Landeskonservator Eduard Paulus schreibt, teilt er diesem mit, er hätte die Absicht „auch das Innere der Kapelle unversehrt zu lassen und in demselben die interessantesten Funde an alten Steinen geordnet aufzustellen und teilweise das Fischgrat-Mauerwerk des Fundaments bloßzulegen, sodass diese Stätte für künftig ein Anziehungspunkt für Altertumskenner werde."

Ein wesentliches Element dieser „interessanten Funde an alten Steinen" ist sicherlich die Turmkapelle. Wahrscheinlich war sie die „Urkirche", die Nische in der Wand beherbergte vermutlich den Altar, die kleine Vertiefung in der Mitte bot Platz für eine Reliquie. Das Fenster ging ursprünglich ins Freie, erst Heinrich Dolmetsch schloss diesen Teil der Kirche an den Turm an. Rechts und links neben der Altarnische befinden sich zwei Figurensteine, die leider nur sehr schwer zu erkennen sind, weil es nicht möglich ist, sich davor zu stellen.

Altes bewahren – Neues schaffen

Die Turmkapelle wurde bereits 1883 ausgehoben, dabei wurde ziemlich viel zerstört. Die Renovierung im Jahr 2006 bot die Möglichkeit einer weiteren, sorgfältigeren Ausgrabung, dabei wurden Scherben, Reste von Glasgefäßen, eine Bronzefibel und ein paar Ziegelfragmente aus römischer Zeit und Scherben und Münzen aus dem Mittelalter gefunden. Außerdem hat man mehrere Skelette ausgegraben, die in unterschiedlichen Lagen im Turm verteilt waren. Man weiß nicht, woher sie stammen und hat sie alle zusammen wieder bestattet.

Sicher ist: Hier haben vor hunderten von Jahren Menschen ihre letzte Ruhestätte gefunden, man hat für den Frieden ihrer Seelen gebetet und in ihrem Angedenken das Abendmahl gefeiert. Grund genug, den Raum nicht nur als interessantes Altertumsobjekt zu bestaunen, sondern ihm seine ursprüngliche Funktion als Kapelle wieder zu geben. Wenn man über die Ausgrabung eine Glasplatte legen würde, hätte man beides: ein archäologisches Fenster und eine begehbare Kapelle.

Ein weiterer interessanter Fund war der sogenannte Drachenstein, der in der Südwand eingemauert war und der bei der Renovierung von 1890 wieder gefunden wurde. Heute hängt von dem seltsam anmutenden Objekt nur noch eine Kopie in der Kirche, das Original befindet sich im Landesmuseum in Stuttgart. Vermutlich stammt der längliche Stein aus dem 12. Jahrhundert, also aus der Erbauungszeit der Kirche und vermutlich fand er als Türsturz Verwendung, vielleicht war er aber auch der Deckel von einem Sarkophag. Man sieht auf ihm vier dünne, schlangenähnliche Wesen mit Köpfen, die entfernt an Hunde erinnern. Zwei dieser gruseligen Fabeltiere bekämpfen sich mit den Vorderfüßen, alle scheinen sich gegenseitig verschlingen zu wollen. Die unteren Extremitäten sind, soweit erkennbar, miteinander verschlungen oder verwachsen. In der Mitte dieser Fabelwesen befindet sich eine Inschrift, die man bis jetzt noch nicht hat entziffern können. Auf einer Seite ist eine runde Scheibe zu sehen, auf der man mit sehr viel gutem Willen ein Christusmonogramm erkennen könnte. Wahrscheinlicher ist es jedoch, dass diese Scheibe eine Sonnenuhr darstellt. Das ist auch naheliegend, wenn dieser Stein wirklich als Türsturz Verwendung fand: Er sollte das Böse aus der Kirche fernhalten und nur das Licht Gottes hereinlassen.

Auch der Chor aus dem 15. Jahrhundert mit seinem schönen Sterngewölbe und dem Schlussstein im Achtpass, der die Geißelwerkzeuge Christi zeigt, erschien Heinrich Dolmetsch unbedingt erhaltenswert. Ob die Zahl 1488 und das Steinmetzzeichen des Baumeisters Hans Augstaindreyer auf dem aufwändig skulptierten Tabernakel darauf schließen

lassen, dass der gesamte Chor von dem Baumeister der Tübinger Stiftskirche erbaut wurde, ist nicht gesichert.

Bei allem Respekt vor den „Altertümern", die Heinrich Dolmetsch in
„seinen" Kirchenbau integrierte, konnte er es doch nicht lassen, auch eine
ganze Reihe eigener Elemente hinzuzufügen. Er versah den Chor mit
neuen, farbigen Fenstern, auf denen die vier Evangelisten zu sehen waren,
in der Mitte des Chores begrüßte ein segnender Christus die Gemeinde
und rings um den Chor wurde eine geschnitzte und bemalte Holzvertäfe-
lung angebracht. Über den Chorbogen kam ein prächtiges Gemälde mit
zwei Hirschen, die in einem Garten Eden weiden.

Mit dem vielen Holz und den ganzen Bildwerken erreichte der be-
kannte Architekt eine Atmosphäre, die von seinen Zeitgenossen als an-
heimelnd und weihevoll zugleich empfunden wurde. Leider war die
Kirche, nicht zuletzt, weil sie bis auf den letzten Quadratmeter mit Bildern, sakralen Gegenständen und Sitzgelegenheiten vollgestopft war,
ziemlich dunkel.

In den 50er-Jahren des 20. Jahrhunderts wurden die Arbeiten von
Heinrich Dolmetsch in ihrer ganzen Jugendstilüppigkeit zunehmend
als kitschig empfunden, man sah in ihnen spießige Sofabildermalerei
und griff immer öfter zum weißen Farbeimer, um den Kirchenräumen
einen Anstrich von protestantischer Schlichtheit zu verpassen. Nicht nur

in Unterjesingen, sondern auch in Wannweil wurden deshalb sämtliche Wandmalereien übertüncht. 1968 entfernte man auch noch die Wandtäfelung des Chores und des neugotischen Altars. Gleichzeitig entdeckte man im Chor Wandmalereien aus dem 17. Jahrhundert, wie sie auch in Pliezhausen oder Sondelfingen zu finden sind und legte diese frei. Heinrich Dolmetsch hätte an diesen interessanten „Altertümern" gewiss seine Freude gehabt.

Der besondere Tipp

Die Alte Spinnerei Wannweil. Die 1868 erbaute, an der Echaz gelegene typische Gründerzeit-Anlage war bis zu ihrer Schließung im Jahr 1987 der größte Arbeitgeber am Ort. Seit 1990 nutzen zehn Künstlerinnen die Räume der ehemaligen Spinnerei als Ateliers. Im Spätherbst werden die Ateliers alljährlich ein Wochenende lang dem kunstinteressierten Publikum geöffnet. Wer nicht solange warten möchte, kann jederzeit einen privaten Atelierbesuch vereinbaren: www.wwateliers.de

Römische Spolien und ein Bibelbilderbuch

St. Martin in Pliezhausen

Die Kirche, einst im Besitz des Gotteshauses Allerheiligen bei Schaffhausen, wurde wahrscheinlich an der Stelle eines heidnischen Heiligtums als Kapelle erbaut." So steht es auf einem Gedenkstein im Windfang der Pliezhausener Kirche. Das ist nicht weiter ungewöhnlich, im Rahmen der Christianisierung des Südwestens wurden sakrale Orte meistens einfach umfunktioniert, die römischen und später die keltischen Gottheiten durch passende Heilige ausgetauscht. Ungewöhnlich sind die vielen erhaltenen Spolien, die in die Wände der Kirche eingemauert sind. Ein männlicher Akt, an dem geflügelten Stab unschwer als der antike Götterbote Merkur zu erkennen, stammt vermutlich aus römischen Zeiten, die Köpfe gruseliger Fabelwesen sind wahrscheinlich von einem romanischen Vorgängerbau übernommen worden. Einige Figurensteine sind so verwittert, dass man nur noch schwer ein Gesicht erkennen kann. In einem ausdrucksvollen Männerkopf mit ungewöhnlicher Barttracht vermutet der Pliezhausener Pfarrer Helmut Stepper einen ehemaligen

Daniel in der Löwengrube

Baumeister. Alle diese Steine weisen, wie auch die Kirchenheiligen Martin und Jakobus, darauf hin, dass hier schon vor langer Zeit eine Kirche oder zumindest eine Kapelle gestanden haben muss.

Martin, Jakob, Merkur

Im 7. Jahrhundert lebten Alemannen in Pliezhausen, die bereits zum Christentum übergetreten waren: Ein Goldblattkreuz, das man bei Ausgrabungen alemannischer Reihengräber gefunden hat, weist darauf hin. Vielleicht haben sie bereits eine Kapelle gebaut. Viele Kirchen, die während der ersten Missionierung des heutigen Südwestdeutschlands entstanden sind, wurden dem heiligen Martin geweiht.

Aber erst einige Jahrhunderte später wird Pliezhausen zum ersten Mal in einer Urkunde erwähnt: Wernher von Kirchheim und seine Mutter Richinza schenken 1092 den Ort neben weiteren Liegenschaften dem Kloster Allerheiligen in Schaffhausen. Von einer Kirche ist hier noch gar nicht die Rede, sie wird erst 1149 erwähnt, als Papst Eugen III. dem Schaffhausener Kloster den Besitz einer Kirche in Pliezhausen bestätigt. Um 1100 setzt in der Region eine erstaunlich intensive Jakobusverehrung ein und Jakobus gehört ebenfalls zu den Pliezhausener Kirchenheiligen: einer der Gurtträger, die sich mittlerweile auf der Altarseite zwischen den Fenstern befinden, aber ursprünglich als Konsolsteine im 1778 abgebrochenen Chor verwendet wurden, stellt den Apostel mit der Pilgermuschel am Hut dar. Der romanische Vorgängerbau der heutigen Kirche ist also wahrscheinlich in dieser Zeit entstanden. Aus diesem Kirchenbau stammt auch der Schlussstein, der 1932 gefunden wurde und auf dem der heilige Martin abgebildet ist. Er hat jetzt einen Platz an der Südseite des Turmes gefunden.

Auf den Götterboten Merkur wollten weder die romanischen Baumeister des 12., noch die gotischen des 15. Jahrhunderts verzichten. Sie passten den Reliefstein in die Kirchenwand nördlich vom Turm ein, allerdings steht die Figur nicht aufrecht, sondern liegt auf der Seite, als Symbol dafür, dass die Macht des heidnischen Gottes gebrochen ist.

1778 wurde der Kirchenbau nach Osten erweitert und das Kirchenschiff erhöht. Ein Großteil der Arbeit musste natürlich von den Dorfbewohnern in Frondiensten geleistet werden. Immerhin scheint man sich über diese selbstverständliche und unentgeltliche Inanspruchnahme von

Zeit und Arbeitskraft bereits Ende des 18. Jahrhunderts Gedanken gemacht und eine Art Entschädigung für nötig gehalten zu haben, denn in der Baukostenrechnung ist zu lesen: „Gleichwie die ganze Bürgerschaft mit denen Hand- und Fuhrfronen sehr viel präsentieren müssen, wovon sie keine Belohnung empfangen, so taten solche an die hiesige Geist- und Weltliche Vorsteher das Ansinnen, ihrer zu Celebrierung ihrer Kirchweih von dem Heiligen auch etwas beizutragen und da sich bei dem ganzen Geschäft jedermann prompt und willig erzeigt und daneben es ganz richtig ist, dass die Bürgerschaft mit Fronen sehr stark mitgenommen werden müssen, so hat man es vor billig erachtet, sie mit etwas davon zu erquicken, demgemäß wurden Wein für 27 Gulden von Metzingen und Brot gekauft, und unter die Bürgerschaft ausgeteilt."

Der Turm erhielt seine jetzige Gestalt 1875. Er wurde 37 m hoch, 15 Meter höher als vorher. Ursprünglich hatte der Turm nur eine hölzerne Glockenstube mit einem hohen Zeltdach und winzigen Schallöffnungen. Nun wurde mit Steinen aus den Brüchen in der Umgebung ein dem Gotteshaus würdigerer Turm errichtet, dessen neugotische Spitzbogenfenster mit dekorativem Kleeblattmaßwerk und mit Krabben besetzte Fialen dem Ideal des Kirchenbaus des 19. Jahrhunderts perfekt entsprechen.

Eine Bilderbibel unter Farbschichten

Etwa hundert Jahre später war wieder eine grundlegende Renovierung fällig, vor allem der Innenraum erhielt ein neues Aussehen. Die Gemeinde blickt jetzt nicht mehr nach Osten, sondern nach Norden, Bänke und Emporen wurden entfernt und durch mobilere Stühle ersetzt. Durch die Querausrichtung sitzt die Gemeinde in einem Halbkreis um den Altar herum und die Mitglieder haben so einen besseren Blickkontakt untereinander und zum Pfarrer.

Als man die dicken Farbschichten von den Wänden entfernte, machte man eine erstaunliche Entdeckung: Unter der Tünche kamen außergewöhnlich gut erhaltene Renaissancefresken zum Vorschein. Sie hatten vermutlich gestört, als man im 18. und 19. Jahrhundert Emporen in die Kirche eingebaut hatte, um mehr Menschen unterbringen zu können. Diese Wandmalereien, die sich wie eine Bilderbibel um alle Kirchenwände herumzogen, wurden 1684 von unbekannten Wandermalern angefertigt.

Vor allem in protestantischen Kirchen waren diese Wandmalereien ausgesprochen beliebt. Nachdem die Bilderstürmer der Reformationszeit oft jeden Kirchenschmuck entfernt und bemalte Wände übertüncht hatten, damit die Gläubigen nichts vom „sola scriptura", vom von der Kanzel herunter verkündeten Wort Gottes ablenken sollte, begann man im 17. Jahrhundert, vor allem nach dem Dreißigjährigen Krieg, die Kirchenräume mit Epitaphen und Wandmalereien zu gestalten. Der Wunsch nach Bildern auf leeren Flächen ist nicht nur im 17. Jahrhundert zu finden. Auch in neuen oder frisch renovierten Kirchenräumen, für die die Architekten eine möglichst sparsame Innengestaltung vorgesehen haben, dauert es meistens nicht lange, bis eine Konfirmandengruppe das erste Hungertuch aufhängt, die Kommunionskinder ein Kunstwerk für die Taufnische gestalten etc. Das mag von einem konsequent puristischen Standpunkt aus bedauerlich sein, zeigt aber auch, dass Gläubige ihre Kirchenräume eben nicht als unbewegliche, starre Gegebenheiten ansehen, sondern sie ständig verändern und den eigenen Lebens- und Glaubensbedürfnissen anpassen.

Mittlerweile sind nur noch einige Fresken an der Südseite der Kirche zu sehen, sie wurden sorgfältig freigelegt und restauriert. Ähnliche Wandmalereien befinden sich auch an der getünchten Nordwand, auf der Altarseite. Hier wurde aber aus verschiedenen Gründen darauf verzichtet, sie wieder sichtbar zu machen. „Wir haben beschlossen, auch späteren Generationen noch etwas übrig zu lassen", meinte mein Kirchenführer, der Gemeindereferent Joachim Pfeifer, schmunzelnd.

Um die Kirchenfenster herum hat der unbekannte Wandermaler in der für das 17. Jahrhundert beliebten Grisailletechnik, also nur in verschiedenen Grautönen, Portale gemalt: zwei antike Säulen tragen einen Ziergiebel mit einem Muschelmotiv in der Mitte. Mauerwerk wird durch eine künstliche Quaderbemalung angedeutet.

Römische und romanische Spolien

Zwischen diesen Renaissancemalereien sind die von Pliezhausener Bürgern in Auftrag gegebenen Wandmalereien zu sehen: Hans Jacob Haug und seine Frau Barbara haben zu ihrem Angedenken ein Bild von der Geburt Christi gestiftet, für das Gemälde von der heiligen Familie auf der Flucht nach Ägypten zeichnen zwei Ehepaare verantwortlich: Hans Hermann und Katharina Wagner sowie Jung Hans Schmid und seine Frau Margaretha. Diese beiden Familien verfügten sogar über ein eigenes Wappen, das selbstverständlich links neben den Namen zu sehen ist.

Naive Malerei der Renaissance

Über dem Bild von Christi Geburt steht ein kurzer Vers: „Freu dich mein Seele dass Christus geboren, sonst hättest du müssen sein ewig verloren", reimt sich hier in der eigenwilligen Orthographie des 17. Jahrhunderts. Bei der zweiten Bildüberschrift handelt es sich um das dem Bild entsprechende Zitat aus der Bibel, sogar mit dem entsprechenden Verweis. Mehr dichterische Freiheit beweist die Überschrift des dritten noch gut erkennbaren Wandbildes, auf dem Daniel in der Löwengrube zu sehen ist: „Daniel du Knecht des lebendigen Gottes, hat dich auch dein Gott, den du ohn Unterlass dienest, mögen von den Löwen erlösen, Daniel aber redet mit dem König, Herr König Gott verleihe dir langes Leben." Das Bild, das einzige, das eine Szene aus dem Alten Testament darstellt, ist auf Veranlassung von Hans Oswald und seiner Ehefrau Anna Magdalena und Daniel Reiß, Bürger allhier zu Pliezhausen, zustande gekommen. Die Malerei darunter ist nicht mehr zu erkennen. Das Zitat aus dem Lukasevangelium lässt jedoch erkennen, dass es sich um den Fischzug Petri handelte.

Die Bilder selbst sind im besten Sinne des Wortes naiv, bestechen durch ihre Farbigkeit und Detailverliebtheit. Auf eine perspektivisch korrekte Darstellung legte der Maler genauso wenig Wert wie auf eine konsequente Einordnung in Zeit und Ort. Die Figuren tragen zeitgenössische Kleidung, das Stalldach ist kaputt und weist so auf die ärmlichen Umstände der Geburt des Heilands hin, ein weit geöffnetes Hoftor gibt den Blick frei ins offene Feld über dem in einer goldenen Wolke schemenhaft die himmlischen Heerscharen zu erkennen sind. Besonders auffällig ist der Versuch des Malers, das Bildgeschehen in ein ihm unbekanntes Morgenland zu verlegen. Josef trägt eine dem türkischen Fez nicht unähnliche Kopfbedeckung und hat einen ungewöhnlich dunklen Teint. Die Hügellandschaft könnte überall sein. Diese Mischung aus Bekanntem und Exotischen findet sich auch auf dem Bild von Daniel in der Löwengrube. Im Hintergrund vermutlich der Königspalast, mit weiß getünchten Mauern, Rundbogenfenstern und rotem Ziegeldach, der König und zwei weitere Personen schauen dem Geschehen in der Löwengrube zu. Der König trägt ein rotes Gewand und eine üppige Krone. Daniel, mit Bart und langem Gewand, entspricht da schon eher der Vorstellung, die man sich von einem alttestamentarischen Propheten macht. Besonders reizend sind die Löwen, es sind gleich neun an der Zahl. Sie sitzen freundlich lächelnd um Daniel herum und sehen wie zu groß geratene Katzen aus.

Diese rührende Mischung aus Dorfidylle und Heiligem Land, aus naiver Bildsprache und Anspielungen auf allgemein Bekanntes macht einen großen Reiz der Pliezhausener Wandmalereien aus. Die Auseinandersetzung mit der biblischen Geschichte erfolgt auf einer sehr konkreten, menschlich nachvollziehbaren Ebene. Die Menschen, die diese Bilder in Auftrag gaben, wollten sich wiedererkennen in den Figuren auf den Bildern, sie waren selbst Landwirte und Handwerker und verbanden ihre Lebenswelt ganz selbstverständlich mit dem Geschehen in der Bibel. Die Fresken sind sicherlich keine großen Kunstwerke. Aber sie erzählen auf eindrückliche Weise von den Menschen, die sie gemalt oder in Auftrag gegeben haben.

Der besondere Tipp

Einen wunderschönen Rundblick über das Neckartal können Sie genießen, wenn Sie bereit sind, die 86 Stufen des Zwei-Eichen-Turms zu erklimmen, der Sie auf 410 m ü. M. bringt. Und wem das zu anstrengend ist, kann sich im Dorfmuseum Ahnenhaus im Entenhof in das Leben früherer Zeiten zurückversetzen lassen. Vielleicht backt sogar jemand im original erhaltenen alten Backhaus einen Zwiebelkuchen!

Bergfried und Frühbarock

St. Clemens in Oferdingen

Mitten im Dorf steht die evangelische Clemenskirche in Oferdingen nicht. Im Gegenteil: Sie befindet sich an einer sehr unzugänglichen Stelle. Eine steile Felswand fällt direkt am Ostrand der Anlage gegen den Neckar ab. An diesem Hang erhebt sich der Turm der Kirche. Vom Neckarradweg aus gesehen sieht er wie der Bergfried einer mittelalterlichen Burganlage aus und nur die Maßwerkfenster der Glockenstube und das Satteldach verraten, dass es sich um einen Kirchturm handelt. Für einen Kirchenbau ist dieser Ort mehr als untypisch. Die Grundmauern der heutigen Anlage gehen auch auf eine alte Burganlage aus dem 9. Jahrhundert zurück. Sie gehörte den Grafen von Achalm. Wie diese Burg über dem Neckar und dem Reichenbach bis ins 13. Jahrhundert ausgesehen hat, bleibt allerdings nur noch unserer Fantasie überlassen. Man kann aber davon ausgehen, dass sich in der Burg eine Kapelle befand und vermuten, dass der Chorabschluss der heutigen Kirche mit dieser Kapelle identisch war.

Kuno und Luitold von der Achalm ist die Gründung des Klosters Zwiefalten zu verdanken, das 1089 vom Abt von Hirsau gegründet wurde. Im selben Jahr wird auch in Oferdingen zum ersten Mal eine Kirche und eine Pfarrei erwähnt. Die Patronatsrechte besaßen die Grafen von Achalm, gaben sie aber an das Kloster Zwiefalten weiter. Aus der Burganlage, die übrigens Onfridingen hieß, hat sich der Ort Oferdingen entwickelt. Eine richtige Kirche wurde wahrscheinlich in der zweiten Hälfte des 13. Jahrhunderts auf dem Bergfried errichtet. Der frühgotische Stil dieser Kirche lässt sich noch gut an dem Kreuzgratgewölbe im Chor und den schönen Maßwerkfenstern an der Südseite erkennen.

Drachen und Eidechsen

Der Kirchturm der Clemenskirche gehörte wohl zu der früheren Burganlage, dafür spricht schon seine viereckige Form. Vermutlich war er sogar das ehemalige Hauptgebäude, der Wehrturm. Die Ecken waren aus

Burgfried und Kirchturm

gehauenen Sandsteinen, die Mauern aus Felsbrocken erbaut und ursprünglich hatte erwahrscheinlich kein Dach. Um 1500 wurde der ohnehin schon weit sichtbare Turm, der damals ungefähr bis zu den Wasserspeiern reichte, noch einmal erhöht und mit einem spitzen Dach ausgestattet.

Zur Abführung des Regenwassers wurden Wasserspeier eingebaut, Dachrinnen waren in dieser Höhe nicht üblich. Traditionellerweise haben auch die Wasserspeier der Clemenskirche die Form von Drachenköpfen. Dass an mittelalterlichen Kirchen Drachenmäuler hingen, verweist auf den Drachen der Apokalypse, das letzte Buch der Bibel. Dort will ein Drache eine Frau, die ein Kind geboren hat, verschlingen: „Als der Drache erkannte, dass er auf die Erde gestürzt war, verfolgte er die Frau, die den Sohn geboren hatte. Aber der Frau wurden die beiden Flügel des großen Adlers gegeben, damit sie in die Wüste an ihren Ort fliehen konnte. (…) Die Schlange spie einen Strom von Wasser hinter der Frau her, damit sie von den Fluten fortgerissen werde. Aber die Erde kam der Frau zu Hilfe, sie öffnete sich und verschlang den Strom…" (Offbg.12, 13pp.)

Mit der Frau, von der in diesem Text die Rede ist, ist die Kirche gemeint, der letztendlich immer göttliche Hilfe vor ihren Verfolgern zuteilwird.

Noch mehr Getier findet sich am sehr schön mit Wulstprofilen aus Sandstein ausgebildeten Turmportal, das heute gleichzeitig der Haupteingang der Kirche ist. An den Basen begrüßen zwei Eidechsen den Kirchenbesucher. Für die Wahl dieses in der christlichen Bildersprache eher ungewöhnlichen Tieres können verschiedene Erklärungen zugrunde liegen. Eidechsen haben eine gewisse Ähnlichkeit mit Drachen, beziehungsweise ist das Bild, das wir uns von einem Drachen machen, dem einer großen, gefährlichen und gruseligen Echse sehr nahe. Dann würde dieselbe Anspielung auf den Text aus der Offenbarung des Johannes nicht nur für die drachenförmigen Wasserspeier, sondern genauso für die Eidechsen am Eingangsportal gelten.

In einem anderen Erklärungsmodell beziehen sich die Eidechsen auf den Ort Oferdingen selbst. Hier wurde sehr viel Lehm abgebaut, was den Bewohnern des Ortes den Spitznamen „Grundler" einbrachte. In Lehm und Morast leben Kröten, Schlangen, Molche und Echsen, Tiere, die schon im Alten Testament als unrein sowie als Verkörperung des Bösen galten (3. Mose 11, 29). Alles, was unrein ist, darf nicht in die Kirche hinein. Die Eidechsen könnten als Erinnerung an die Lehm grabenden Oferdinger und deren Bemühen gesehen werden, möglichst „rein", also ohne Schuld oder Sünde, das Gotteshaus zu betreten.

Die schönste Erklärung ist jedoch folgende: Eidechsen halten sich besonders gern an sonnigen, warmen Plätzen auf und ihre Fähigkeit, den abgegangenen Schwanz nachwachsen zu lassen steht natürlich für eine einzigartige Kraft der Erneuerung und Heilung. Deshalb sind Eidechsen schon auf antiken Grabmalen und Aschenurnen abgebildet. Dort verkörpern sie das Verlangen nach dem Eingehen in das jenseitige Licht nach dem Tod. In der christlichen Kunst finden sich Eidechsendarstellungen häufig an romanischen Leuchtern oder Weihrauchgefäßen als Zeichen der Sehnsucht nach dem Licht.

Gottes Segen und Liebe ist wie die Sonne. Die Eidechsen an der Kirchentür fordern die Menschen auf, herauszukommen aus den dunklen Ritzen der starren Gemäuer, die sie um sich herum errichtet haben und sich wieder der wärmenden Lichtquelle dieser göttlichen Liebe anzuschließen, die alle lebendigen Geschöpfe versorgt und trägt. In der wärmenden Sonne, im hellen Licht können Wunden heilen, es lässt sich Kraft schöpfen und Frieden finden.

Nach dem Dreißigjährigen Krieg

1634 läutet die Schlacht bei Nördlingen das blutigste Kapitel des Dreißigjährigen Krieges ein. Vor allem für das Herzogtum Württemberg hatte die Niederlage der protestantischen Partei verheerende Folgen. Herzog Eberhard III. floh mit dem Hofstaat nach Straßburg und überließ sein Land schutzlos den umherziehenden Soldaten. Ganze Landstriche wurden geplündert und verwüstet. Von diesen Verwüstungen blieb auch Oferdingen nicht verschont. Zweimal wird das gesamte Dorf in Schutt und Asche gelegt, die gesamte Dorfbevölkerung musste fliehen und am 21. April 1638 wurden Kirche, Pfarrhaus und Mesnerhaus in Brand gesteckt. Von der Kirche blieben nur die Außenmauern stehen.

Aber bereits sieben Jahre nach Kriegsende – der Westfälische Friede kommt 1648 zu Stande – konnte die Clemenskirche wieder eingeweiht werden. In erstaunlich kurzer Zeit war es der Gemeinde gelungen, das völlig ausgebrannte Gotteshaus wieder aufzubauen, das Dach neu zu decken und sogar eine neue Glocke zu gießen. Das gelang den Oferdingern vor allem deshalb so schnell, weil sich die materiellen Verhältnisse im Ort aufgrund einer großen Einwanderungswelle aus der Schweiz unmittelbar nach Kriegsende erstaunlich schnell stabilisierten. Trotzdem stellt der rasche Wiederaufbau eine beachtliche Leistung der damaligen Gemeinde dar.

Natürlich ist bei dem Brand von 1638 nicht nur die Decke des Kirchenschiffs, sondern auch die gesamte innere Einrichtung mit Ausnahme des gotischen Taufsteins verloren gegangen. Dieser Taufstein steht jetzt wieder in der Kirche. Die ungewöhnliche achteckige Form erinnert an einen Kelch: Der Taufstein nimmt auf diese Weise das Abendmahl vorweg und verbindet so die beiden Sakramente.

Das Innere der heutigen Kirche ist vom Stil des Frühbarock geprägt und sehr schlicht gehalten. Der Turm erhielt aus Kostengründen nur noch ein Satteldach statt des früheren Spitzdaches und auch die ursprüngliche Höhe wurde nicht mehr nachgebaut. Leider wurde 1655 eine Kassettendecke angebracht, die so tief angesetzt wurde, dass sie den Triumphbogen des Chores überschneidet. Auch werden deshalb die Proportionen zwischen Fenster und Decke nicht mehr gewahrt.

Der Jude Jesus

Der schönste sakrale Gegenstand des Kirchenbaus stammt aber auch aus dieser Zeit: Es handelt sich um den lebensgroßen Kruzifixus, der als Altarkreuz nachdrücklich ins Auge fällt. Der schlanke, zierliche Körper mit dem zur Seite geneigten Antlitz steht ganz in der Tradition der Schmerzensmanndarstellungen. Kein Messias, der den Tod überwun-

den hat, ist hier ans Kreuz gena-
gelt, sondern der Gottesknecht, der
Leid und Schmerzen um der Sünd-
haftigkeit der Menschen willen auf
sich genommen, der sein Leben zum
Schuldopfer gegeben hat. (Jes. 53).
Die schmalen Gesichtszüge des sehr
jungen Mannes drücken neben un-
vorstellbarem Leid auch die grenzen-
lose Ergebenheit des „Nicht wie ich
will, sondern wie du willst" aus. Diese
Demut wird durch die hochgestreck-
ten Arme noch deutlicher. Der ge-
folterte Christus hängt in einer Gebärde am Kreuz, die sich dem Willen
Gottes bedingungslos öffnet und un-
terwirft.

Chor und Kanzel

Das Tuch, das Jesus um die Hüften
trägt, ist wegen des farblich abgesetz-
ten Streifen am äußeren Rand eindeutig ein jüdisches Gebetstuch, ein
sogenannter Tallit: Der hier gekreuzigte Jesus ist ein Jude, Judentum und
Christentum gehören in der Clemenskirche zusammen.

Aufgrund des sehr schlanken Körpers mit den langen Gliedmaßen
könnte das Kruzifix fast noch aus der Zeit vor dem Brand von 1638
stammen. Aus Einzelheiten wie zum Beispiel den scharfkantigen Falten
des Lendentuches lässt sich aber schließen, dass es erst im 17. Jahrhundert entstanden ist und die gotische Formensprache höchstens noch als
Erinnerung an ein früheres Kreuz wieder aufnimmt. Wenige Jahre nach
dem Ende des Dreißigjährigen Krieges bekommen sowohl die Hingabe
an den Tod am Kreuz als auch der eindeutige Bezug zum Judentum eine
besondere Bedeutung, bedeutete doch erst der Frieden zwischen Konfessionen und Religionen ein Leben ohne Leid und Schmerz.

Die Kirche wurde in den folgenden Jahrhunderten noch mehrmals
umgebaut. Die wachsende Zahl der Gemeindemitglieder machte den
Einbau von Emporen notwendig. Im 18. Jahrhundert wurde der Orgelprospekt von der Oferdinger Bürgerschaft gestiftet und im 19. Jahrhun-

dert war auch die Clemenskirche von der allfälligen Regotisierung betroffen, bei der vermutlich die barocken Emporenbilder entfernt und die Kanzel in „gotischer" Manier mit Krabben und Kreuzblumen umgedeutet wurde. Auch der Tischaltar mit den seitlichen Eisengittern stammt noch aus dieser Zeit.

Der letzten Renovierung von 1993 ist es gelungen, die schlichte Eleganz der frühbarocken Kirche wiederherzustellen, ohne die Jahrhunderte vor und nach dieser Zeit zu verleugnen. So wurde nicht nur der alte gotische Taufstein wieder in der Kirche aufgestellt, nachdem er jahrelang im Pfarrgarten gestanden hatte. Auch die sehr bunten neugotischen Fensterscheiben durften bleiben. Auf diese Weise ist ein stilistisch eindeutiger sakraler Raum entstanden, der aber nicht zwanghaft einen wie auch immer gearteten „Originalzustand" wieder herzustellen versucht. Das ist vor allem der farblichen Ausgestaltung des Holzwerks zu verdanken. Nachdem an den Emporestützen und Emporebrüstungen alte Farbschichten abgetragen worden waren, konnten alte ursprüngliche Farbtöne gefunden werden. Darauf wurde dann der weitere Ausbau und die Renovierung abgestimmt. Die noch nachweisbare ehemalige barocke Farbgebung wurde unter mehreren Farbschichten zutage gefördert: eine auf blau-grüne Farbigkeit abgestimmte Fassung der Emporenständer mit roter Abfassung der Profilierungen, die sich an den Profilstäben der Kassettendecke wiederholte. Diese sehr transparenten und doch warmen Farben wurden aufwändig nachgearbeitet: Die Malerarbeiten wurden nach alter Technik mit Kasein, Leinöl und Farbpigmenten ausgeführt. Anschließend wurden das Holz mit Bienenwachs poliert, um die Farben zu fixieren. Auf diese Weise kommen die einzelnen Farbtöne zu ihrer starken Leuchtkraft und tragen zu der besonderen Atmosphäre dieser Dorfkirche bei.

Der besondere Tipp

In Oferdingen kann man Kanus ausleihen und auf dem Neckar paddeln, der Bootsverleih ist direkt am Neckarufer. Öffnungszeiten, Mietpreise und andere Informationen: www.kanu-witt.net

Gottes gute Stube

St. Mauritius in Betzingen

Als idyllisch lässt sich die Lage der Betzinger Kirche kaum bezeichnen. Auf der Hauptstraße rauscht ein unaufhörlicher Strom von Autos hektisch lärmend vorbei und das Gotteshaus steht mittendrin. An diesem Eindruck ändern auch die Grünanlagen rund um die Kirche nur wenig. Umso überraschter ist der Besucher, wenn er den Kirchenraum betritt. Das viele Holz, welches hier verarbeitet worden ist, die gerahmten Bilder an den Wänden, die Terrakottafliesen auf dem Boden tragen zu der warmen, anheimelnden Ausstrahlung der Kirche bei. Man könnte meinen, die Gemeinde habe sich mit dieser Kirche ein besonders schönes Wohnzimmer schaffen wollen.

Erbaut wurde die Kirche um das Jahr 1000. Aus dieser Zeit stammt nur noch der Turm, das vermutlich älteste noch sichtbare Bauwerk in ganz

St. Mauritius

Es sollen unter euch diese Städte
eine Zuflucht sein vor dem Bluträcher.
daß der nicht sterben muß.
der einen Totschlag getan hat.
bis er vor der Gemeinde
vor Gericht gestanden hat.

4.Mose 35.12

Asylstein

Reutlingen. Seine Schallarkaden mit den zierlichen Säulen zwischen den Bogenfenstern sind typisch für die frühromanische Architektur. In einer Zeit, in der Kirchenglocken den Tagesablauf der Menschen strukturierten, vor Gefahr warnten oder die Gläubigen zum Gebet zusammenriefen, war es wichtig, dass ihr Klang weithin hörbar war. Die Baumeister im Mittelalter achteten deshalb sehr auf eine gute Akustik. In Betzingen ist ihnen das ausgesprochen gut gelungen. Der Schall des Geläutes, das seit 1957 den Anfang des mittelalterlichen Lobgesanges „Herr Gott dich loben wir" wiedergibt und als das schönste gilt, das Betzingen je hatte, trägt weit – leider nicht nur zur Freude der Anwohner.

Der größte Teil der Kirche wurde zwischen 1499 und 1505 auf den Fundamenten des Vorgängerbaus errichtet. Wie in der Spätgotik üblich, ist jedes Fenster im Langhaus mit anderem Maßwerk geschmückt. Diese Üppigkeit galt als Symbol für die unendliche Vielfalt in Gottes Schöpfung. Merkwürdigerweise wurde die Kirche ohne Chor gebaut, der kam erst im 18. Jahrhundert dazu. 1905 erhielt die Kirche schließlich ihr heutiges Aussehen: Ostwand und Choranbau wurden abgerissen und Querschiff, Chor und Sakristei wurden in neugotischem Stil gebaut. Die letzte große Renovierung war 1988. Dabei wurde aber im Wesentlichen das Aussehen von 1905 bewahrt.

Holz schafft Geborgenheit

Prägendes Element in der Kirche ist die Verwendung von Holz, das nur sehr sparsam bemalt ist: Das Gestühl, die Empore mit ihren aufwändig gedrechselten Säulen, die Rahmen der Schiebefenster am Querschiff,

Lesepult, Kanzel und Altar, die Rahmen der Wandbilder und schließlich die auffällige Decke – alles aus Holz. Das vermittelt nicht nur eine warme, ruhige und behagliche Atmosphäre, sondern auch den Eindruck einer wohlanständigen, bürgerlichen Bescheidenheit.

Dazu trägt in erster Linie der nördliche Teil des Querschiffes bei. Er ist durch eine Zwischenwand aus Sprossenfenstern abgetrennt, die sich bei Bedarf versenken lassen, um den Kirchenraum zu vergrößern. Der dadurch entstandene Raum wurde als Betsaal benutzt. Viele Gemeindemitglieder gehörten zur sogenannten Hahn'schen Gemeinschaft, einer Versammlungsbewegung protestantischer Christen, die aus dem schwäbischen Pietismus heraus entstanden ist und auf den Bauernsohn Michael Hahn (1758–1819) zurückgeht. Neben dem Besuch des Gottesdienstes am Sonntag treffen sich die Brüder und Schwestern regelmäßig zur sogenannten „Stunde", um gemeinsam zu singen, zu beten und einen Abschnitt aus der Bibel zu lesen und auszulegen. Die Auslegungstexte stammen von Michael Hahn selbst, von Brüdern der Gemeinschaft oder von pietistischen Theologen wie Friedrich Christoph Oetinger. In Betzingen war die Hahn'sche Gemeinschaft zu Beginn des 20. Jahrhunderts anscheinend so gut in die Kirchengemeinde integriert, dass das Querschiff der Kirche zum Betsaal für die Stundenbesucher umfunktioniert wurde. Heute finden kleinere Andachten im Chor der Kirche statt, die Altargegenstände werden dann einfach umgedreht. Im Betsaal wird der Konfirmandenunterricht abgehalten, hier probt der Kirchenchor und Hochzeits- und Taufgesellschaften können ihn zu einem kleinen Stehempfang nutzen.

Die Holzdecke, für viele Kirchenbesucher das schönste Schmuckstück der Kirche, vermittelt eine Atmosphäre der Geborgenheit. Eine bemalte Holzdecke gab es wohl bereits in der spätgotischen Kirche. 1905 wurde diese Decke durch eine Kopie ersetzt und für das Querschiff verlängert. Sie ist im Stil spätgotischer Schablonenmalerei verziert, die geometrischen oder floralen Ornamente wirken fast schon abstrakt. Nur auf dem Durchzugsbalken sind richtige Blüten und Blätter zu erkennen: Ein Lebensbaum wächst in Richtung Altar, hin zum Heil bringenden Kreuz Christi. Unterbrochen wird das Blattmuster von den Jahreszahlen 1505 und 1905, den Reutlinger Stadtfarben und dem Reichsadler, weil Betzingen seit 1495 zu dem Gebiet der freien Reichsstadt Reutlingen gehörte sowie einem Johanniterkreuz: Der geistliche Ritterorden war der Bauherr der Kirche. 1988 wurde im Zuge umfangreicher Restaurierungsarbeiten ein Schmuckfries unterhalb der Decke angebracht, das in seiner Ornamentik dem der Holzdecke entspricht

Auch der Altarraum wurde grundlegend neu gestaltet: Der alte Altar, der aus einem massiven Stein bestand, wurde zersägt und zu den Stufen verarbeitet, die zum Altarraum führen. Auf diese Weise konnte er als eigentlich wichtigster sakraler Gegenstand in der renovierten Kirche einen neuen Platz finden. Der schwere steinerne Altar wurde durch einen leichteren und beweglicheren ersetzt, um bei Choraufführungen und ähnlichen Veranstaltungen den Chorraum flexibler nutzen zu können. Das ist ein schönes Beispiel dafür, wie Gemeinden sakrale Räume immer mehr auf die Bedürfnisse einer lebendigen Gemeinde abstimmen. Gleichzeitig birgt es jedoch auch die Gefahr, das Gespür dafür zu verlieren, dass eine Kirche eben kein Haus wie jedes andere ist, sondern ein besonderer, heiliger Ort.

Gnade und Recht

„Es sollen unter euch diese Städte ein Zuflucht sein vor dem Bluträcher, dass der nicht sterben muss, der einen Totschlag getan hat, bis er vor der Gemeinde vor Gericht gestanden hat."

Dieses Zitat aus dem vierten Buch Mose hängt über einem etwas unförmigen, stark verwitterten Stuhl aus Stein mit merkwürdig schräger Sitzfläche. Dieses wirklich einzigartige Sitzmöbel stand wohl jahrhundertelang im Pfarrhof und zuletzt jahrzehntelang an der Nordseite der Mauritiuskirche. 1988 ist er in die Kirche gebracht worden, um ihn vor weiterer Verwitterung zu schützen.

Wahrscheinlich handelt es sich um einen Asylstein. Frühe schriftliche Zeugnisse, die die Funktion dieses Steins eindeutig belegen könnten, gibt es leider nicht. Aber 1378 erhielt der Johanniterorden das Asylrecht für alle seine Ordenshäuser. Dazu gehörte seit 1365 auch ein Hof in Betzingen mit allen kirchlichen Rechten und Pflichten sowie der Pfarrhof. Das war zwar kein richtiges Ordenshaus, aber es ist durchaus wahrscheinlich, dass die Johanniter das Betzinger Asyl einführten.

In Reutlingen bestand seit 1435 ein Asyl. 1495 erhielt die Stadt sogar vom Kaiser das förmliche Asylrecht, das sich zum bedeutendsten in Südwestdeutschland entwickelte. Als das Reutlinger Asyl auf das gesamte reichsstädtische Gebiet ausgedehnt wurde, zu dem auch Betzingen gehörte, diente der Betzinger Asylstuhl vermutlich nur noch als erste Anlaufstelle für Asyl Suchende aus dem Tübinger und Hechinger Raum, ehe sie Reutlingen erreichten, wo die eigentliche Aufnahme ins Asyl stattfand. 1693 wurden die kirchlichen Rechte in Betzingen an Württemberg verkauft und der Asylstuhl verlor seine Funktion.1804 wurde auch das Reutlinger Asyl aufgehoben.

Asyl konnte nur an einem Ort, der unter einer anderen Herrschaft als der Heimatort des Asylsuchenden stand, gefunden werden. So flüchteten vor allem Asylsuchende aus dem umliegenden württembergischen Gebiet in die freie Reichsstadt Reutlingen, Reutlinger und Betzinger flohen dagegen in das Asyl im württembergischen Pfullingen. Die Reutlinger waren sehr auf den Fortbestand ihres Asyls bedacht, brachte dies ihnen doch einen Zuwachs an Einwohnern und Vermögen: Die Gewährung des Asyls schloss den Schutz des Eigentums des Betroffenen mit ein. So ließen sich viele Asylsuchende dauerhaft in Reutlingen nieder und erlangten oft sogar das Reutlinger Bürgerrecht.

Uns erinnert der Betzinger Asylstein, auf dem wohl eher gekniet als gesessen wurde, daran, dass es sich bei dem Recht auf Asyl nicht nur um das Recht handelt, Asyl zu erbitten, sondern dass die Tatsache, Asyl gewähren zu dürfen, einmal als besonderes Privileg angesehen wurde.

Im Mittelalter gab es keine Rechtsprechung oder gar Strafgesetzgebung im heutigen Sinne. Streit wurde meistens nicht auf dem Gerichtsweg, sondern durch Selbsthilfe entschieden und die Gerichtspraxis spielte sich weitgehend mündlich ab. In den meisten Fällen nahmen die Betrof-

Wohnliche Atmosphäre

fenen das Recht in die eigene Hand und handelten nach Faustrecht aus Rache und Vergeltung.

Strafe stellte immer die Anwendung von Gewalt dar, Haftstrafen waren in vormodernen Zeiten unbekannt. „Auge um Auge, Zahn um Zahn" war man der Auffassung, dass Böses nur durch Böses vertrieben werden könne. Allerdings gehörten zum Strafvollzug im Mittelalter auch immer Gnade, Erbarmen und Mitleid. Von der Henkersmahlzeit und dem geistlichen Beistand für den Verurteilten bis zu der Möglichkeit, jemanden buchstäblich vom Galgen „abzubitten" gibt es zahlreiche Beispiele für tätiges Mitleid mit dem armen Sünder.

Gnade galt im Mittelalter als Rechtsprinzip, den Gedanken, dass ein Mensch willkürlicher Gewalt unentrinnbar ausgeliefert war, fand man unerträglich. Deshalb gab es die Möglichkeit des Asyls, das Kirchen, Gemeinden oder die Ortsherrschaft bieten konnten. Wenn sich jemand etwas zuschulden kommen ließ, hatte er die Möglichkeit, im Asyl Schutz vor seinen Verfolgern zu finden. Stellte das Gericht des Asylortes fest, dass der Asyl Suchende unschuldig war oder dass er das ihm zur Last gelegte Verbrechen nicht vorsätzlich begangen hatte, konnte der Schutz Suchende am Asylort bleiben. Das Reutlinger Asyl gewährte durchaus auch Totschlägern, nicht aber Mördern Schutz, bot diesen aber zumindest die Chance auf ein Strafverfahren. Wenn dieses Verfahren mit der Todesstrafe enden sollte, hatte in der Vorstellungswelt des Mittelalters der Verurteilte immer noch das Recht auf Beichte und Absolution und somit auf eine Chance, ewiger Verdammnis zu entgehen.

Asyl gewähren dürfen, das Recht haben, verfolgten Menschen eine Zuflucht bieten zu können, war ein Privileg und keine Belastung. Wir sollten uns daran erinnern, wenn uns heute Menschen aus anderen Ländern um Schutz bitten.

Der besondere Tipp

Neben der Mauritiuskirche befindet sich in einem alten Fachwerkhaus das „Museum im Dorf". Öffnungszeiten vom 20. 4. bis zum 26. 10. immer sonntags von 11–18 Uhr.

Das Standesamt in der Kirche

St. Stephanus in Sondelfingen

F ast hätte man sie abgerissen, die ehemalige Dorfkirche von Sondelfingen. 1960 fand hier der letzte Gottesdienst statt. Die Kirche, in die nur 120 Menschen passen, war für die schnell wachsende Sondelfinger Gemeinde längst zu klein und sie zog in die neu erbaute Johanneskirche um. Zwanzig Jahre lang stand das ehemalige Gotteshaus leer. 1975 kaufte die Stadt Reutlingen das Grundstück der evangelischen Kirche ab und erhielt sozusagen die Kirche als Geschenk dazu. Eigentlich hatten weder Gemeinderat noch Verwaltung ein echtes Interesse an dem Kirchlein und waren nicht bereit, für dessen Erhalt etwas zu unternehmen. Aber sie hatten die Rechnung ohne die Bürger von Sondelfingen gemacht, die sich mit ihrer Dorfkirche weit mehr identifizierten als angenommen und gegen einen eventuellen Abriss heftig protestierten. Da der zur Kirche gehörige Friedhof erhalten bleiben und sogar noch durch den ehemaligen Pfarrgarten erweitert werden sollte, lag es nahe, die Kirche wenigstens als Aussegnungskapelle zu nutzen.

St. Stephanus

Dafür war jedoch eine grundlegende Renovierung des mittlerweile ziemlich verfallenen Gotteshauses notwendig. Dabei entdeckte man die großfigurigen Wandmalereien an den Innenwänden, die aus dem 14. und dem 17. Jahrhundert stammen. Von Abriss konnte jetzt natürlich keine Rede mehr sein, handelte es sich doch bei den Fresken um „eine künstlerische Bereicherung, wie sie in unserer Gegend nur sehr selten möglich ist", wie das Amt für Denkmalpflege voller Stolz feststellen konnte. Aber dass diese schöne Kirche jetzt ausschließlich Trauergemeinden zu sehen bekommen sollten war natürlich viel zu schade, vor allem, weil das hohe hölzerne Kirchenschiff für eine außergewöhnlich gute Akustik sorgt.

Ein Standesamt in der Kirche

Da die Kirche der Stadt gehört, war es möglich, sie für alle möglichen kommunalen Zwecke zu nutzen. Mittlerweile finden im August hier regelmäßig Konzerte auf historischen Instrumenten statt, hin und wieder wird eine Ausstellung organisiert und sogar ein paar Tanzgruppen vom Sondelfinger Sportverein drehten auf dem Kapellenboden ihre Kreise. Vor allem aber können sich Brautpaare in diesem romantischen und stilvollen Rahmen ihr standesamtliches Ja-Wort geben. Eine perfekte Lösung vor allem für Paare, die aus welchen Gründen auch immer nicht kirchlich heiraten können oder wollen, aber trotzdem nicht ganz auf das religiöse Ambiente verzichten wollen. Seit 2000 haben schon Menschen aus ganz Deutschland, aus England, Australien und den USA von diesem besonderen Angebot der Stadt Reutlingen Gebrauch gemacht. Zwei sehr engagierte Standesbeamtinnen gehen auf jedes Brautpaar individuell ein und geben sich alle Mühe, um deren Trauung zu einem unvergesslichen Erlebnis werden zu lassen.

Die warmen Farben der Fresken, die liebevoll gemalten Blumen und Ornamente und die schöne Holzbalkendecke strahlen ein außergewöhnliches Raumcharisma für eine besonders feierliche und würdevolle standesamtliche Trauung aus, das kein städtisches Verwaltungsgebäude bieten kann.

Seit einigen Jahren steht neben der Kirche noch ein kleiner Rosenpavillon, in dem die frisch getrauten Paare mit ihren Gästen bei einem kleinen Stehempfang auf ihr Glück anstoßen können.

Die Kirche: zu klein, zu alt, zu häßlich?

Stephanuskirchen zählen nach den Martinskirchen zu den ältesten Gotteshäusern in der Region. Stephanus wurde um das Jahr 35 gesteinigt und gilt als der erste Märtyrer. Vermutlich war er deshalb ein besonders wichtiges Vorbild, mit dem sich die ersten Christen in dieser Gegend besonders gut identifizieren konnten. Wann die Stephanuskirche in Sondelfingen erbaut wurde, weiß man nicht genau. Es wäre möglich gewesen, im Rahmen der Renovierung 1981 den Fußboden aufzureißen und nach alten Fundamentresten zu suchen. Um den sehr schönen Sandsteinboden, der perfekt mit den warmen Erdfarben der Wandmalereien harmoniert und mitverantwortlich ist für die angenehmen Lichtverhältnisse in der Kirche, nicht zerstören zu müssen, wurde auf eine solche Ausgrabung verzichtet. Erwähnt wird die Kirche zum ersten Mal auf einer Steuerliste des Bistums Konstanz aus dem Jahr 1275.

Um 1470 und 1686 wurde die Kirche entscheidend vergrößert, außerdem nahm man immer wieder kleinere Umbaumaßnahmen vor wie zum Beispiel die Erneuerung des Turmdachs. 1686, nur vierzig Jahre nach Ende des Dreißigjährigen Krieges, muss eine Erweiterung des Kirchenbaus notwendig geworden sein, um der größeren Einwohnerzahl Sondelfingens ausreichend Platz zu bieten. Im Rahmen dieses Umbaus wurden auch die Wandmalereien und die farbig gestaltete Balkendecke angefertigt, die jetzt den besonderen Charme dieser kleinen Kirche ausmachen.

Keine hundert Jahre später erschien bereits eine weitere, grundlegende Renovierung erforderlich. Die Kirche soll angeblich in einem desolaten Zustand gewesen sein, Dach und Turm galten als einsturzgefährdet. Vor allem beschwerte man sich über die undichte Decke: Auf dem Dachboden wurden selbstverständlich Vorräte gelagert und während der Gottesdienste sollen ständig Getreide, Staub und Mäusedreck durch die Deckenbalken auf die Gemeinde heruntergerieselt sein.

Die Kirche wurde also neu verputzt und vertäfelt, die bemalte Balkendecke verschwand unter einer schlichten Rohrmattendecke. Bei diesem Umbauprojekt verschuldete sich die Kirchengemeinde so sehr, dass sie sich noch jahrzehntelang einschränken musste. Aber die Kirche war jetzt zeitgemäß schlicht, die Wandmalereien, die weder mit den Idealen pietistischer Nüchternheit und Kunstfeindlichkeit noch mit dem Geist der

Wandmalereien aus zwei Jahrhunderten

Aufklärung zu vereinbaren waren, waren hinter einer weißen Putzschicht verschwunden und weder Unrat noch Ornamentik konnte die Gläubigen mehr von ihrer Andacht ablenken.

Die landwirtschaftliche Nutzfläche, die zu Sondelfingen gehörte war viel kleiner und qualitativ schlechter als die der Nachbarorte, dementsprechend war die Bevölkerung sehr arm. Umso mehr erstaunt dieser extreme Aufwand, der bei der Renovierung im 18. Jahrhundert betrieben wurde. War die Kirche wirklich so heruntergekommen, wie die zahlreichen Bettelbriefe, die an die Kirchenbehörden und den Herzog von Württemberg gerichtet wurden, glauben lassen? Oder schämten sich die Sondelfinger ihres bunt bemalten Gotteshauses so sehr, dass sie lieber Schulden machten, als weiterhin in einer solchen Arme-Leute-Kirche Gottesdienst zu feiern? Ein Weiheprotokoll an der Kirchenwand verrät, dass die Umgestaltung 1686 von der Gemeinde als regelrechter Neubau aufgefasst wurde. Und da brauchte man schon 85 Jahre später wieder eine ganz neue Kirche?

1843 konnte sich die Gemeinde, die durch die relative Nähe zu Reutlingen ziemlich früh von der Industrialisierung profitieren konnte, eine eigene Orgel leisten. Bis dahin hatte sich immer der Lehrer als Vorsänger betätigt, dem die Gemeinde dann nachsingen musste. Böse Zungen behaupten, die Anschaffung der Orgel sei hauptsächlich dem Umstand zu verdanken gewesen, dass der Lehrer, der um 1840 dieses wichtige Amt bekleidete, nicht gerade mit besonderen Sangestalenten begabt gewesen wäre und man vor allem deshalb auf die Anschaffung einer Orgel drängte, für die dann eine weitere Empore gebaut und ein neues Fenster eingesetzt werden musste.

Zu Beginn des 20. Jahrhunderts setzten erneut Klagen darüber ein, die Kirche sei zu klein. Der Pfarrer sah sich sogar gezwungen, den „Verkauf der Weiberstühle" zu unterbinden, damit während der Gottesdienste alle einen Sitzplatz bekamen. Bis dahin konnten bestimmte Sitzplätze im Abonnement erworben werden, diese Verteilung verlief allerdings nach strengen hierarchischen Ordnungen. Immer gab es eine Männer- und eine Frauenseite und die dörfliche Ehrbarkeit verfügte natürlich über die besten Plätze. In Sondelfingen wurde 1910 ein Ofen eingebaut und ein Kamin hochgezogen – direkt neben den Plätzen für die Pfarrersfamilie. Derselbe Pfarrer, der das althergebrachte Kaufrecht auf die Kirchenstühle abschaffte, beklagte übrigens auch die Stillosigkeit der mehrmals überformten, ehemals gotischen Kirche. Mit solchen Einwänden wird es in den nächsten Jahrzehnten weitergehen und nachdem 1945 die Zahl der Gemeindemitglieder sprunghaft ansteigt, ist die Stephanuskirche endgültig zu klein. Während bei den meisten anderen Kirchen, die in der zweiten Jahrhunderthälfte aus Platzgründen aufgegeben und durch Neubauten ersetzt wurden, der Abschied zumindest tränenreich, wenn nicht sogar unter heftigem Protest verlief, schien man in Sondelfingen die Aufgabe der Stephanuskirche nicht sonderlich zu bedauern. Der Pfarrer Ludwig Maußhardt dichtete zum Abschied:

„Nun gleicht das Kirchlein wohl in seiner armen Gestalt
dem müden Mütterlein, voll Runzeln, schwach und alt.
Es hat in langem Dienst voll Müh' verbraucht die Kraft,
und hat jetzt seine Ruh', hat endlich ausgeschafft.
Wir geben unserer Stephanskirch' den Abschied heut',
doch g'schieht es von uns fröhlich, ohn' alles bitt're Leid."

Mittlerweile gibt es sie wieder, die Stephanuskirche in Sondelfingen, wenn auch nicht mehr als Kirche im Dorf, sondern als Kulturzentrum, Veranstaltungsraum und Standesamt. Aber weil sie in ihrer Eigenschaft als Aussegnungshalle immer noch eine sakrale Nutzung erfährt und weil ein Altar mit Kreuz und Kerzen an der Ostwand steht, ist sie eben doch ein liturgischer Ort und nicht nur ein Kulturdenkmal mit einer besonderen Geschichte.

Wandmalereien: mehr als nur eine Bildergeschichte

Neben einer Baugeschichte lässt sich von der Sondelfinger Kirche auch eine Bildergeschichte erzählen. 1970 wurde der Restaurator Lothar Bohring mit einer sogenannten Schichtabfolgeuntersuchung beauftragt. Dabei entdeckte er auf der ältesten Putzschicht Malereien aus dem ersten Jahrzehnt des 14. Jahrhunderts. Die mittelalterlichen Heiligendarstellungen – zu sehen sind noch der heilige Matthias und der heilige Andreas an der Ostwand des Raumes oberhalb des zugemauerten Spitzbogenfensters – stammen vermutlich aus derselben Werkstatt, die auch mit der Ausmalung der Katharinenkapelle in der Reutlinger Marienkirche beauftragt war.

Die meisten erhaltenen Malereien stammen jedoch von 1686. Es handelt sich fast durchgängig um dreiteilige Bildfelder, die immer aus einem Bibeltext, einer Illustration desselben und der Nennung der Stifternamen bestehen. Ornamentrahmen grenzen die Bilder voneinander ab. Die Malereien an der Süd- und der Ostwand zeigen biblische Szenen, die Nordwand schmückt eine Apostelreihe. Bis auf ein einziges Bild sind alle Motive Szenen aus dem Leben Jesu.

An der Südwand ist eine Darstellung des Abendmahls noch vollständig erhalten, die anderen Bilder sind durch den Einbau eines zusätzlichen Fensters höchstens teilweise zu erkennen. Jesus sitzt mit seinen Jüngern um den mit einem weißen Tuch gedeckten Tisch, die Perspektive ist so gewählt, dass der Betrachter alle Personen gleichermaßen gut sehen kann. Die Gegenstände auf dem Tisch, die Schüssel mit dem Passahlamm, Teller, Becher und ein paar Stücke Brot, sind nur angedeutet und proportional zu klein. Von einem Festgelage kann hier keine Rede sein, nur der symbolische Gehalt dieses letzten gemeinsamen Mahles Jesu mit seinen Jüngern scheint für den Künstler von Bedeutung gewesen zu sein. Leider sind die Gesichter der Figuren nicht mehr zu erkennen, das Bild wirkt dadurch, wie auch durch die sehr ähnliche Körperhaltung der einzelnen

Jünger, ausgesprochen leer und statisch. Neben der Abendmahlsdarstellung befindet sich das einzige Bild mit einem alttestamentlichen Thema. Das Motiv hier ist das Passahmahl vor dem Auszug aus Ägypten. Die Männer stehen, alle bereits in Reisekleidung, um einen runden Tisch herum, die langen Wanderstäbe künden vom unmittelbar bevorstehenden Aufbruch. Vermutlich haben die Sondelfinger Pfarrer, die diese Bilder in Auftrag gegeben haben, im alttestamentlichen Passahmahl einen Vorgriff auf das Abendmahl gesehen, eine Art prophetische Mahlzeit. Auf einem dritten Bild an der Südwand, das allerdings durch ein später eingebautes Fenster fast vollständig verloren gegangen ist, war, wie der erklärende Bibeltext verrät, die Taufe Jesu abgebildet. Taufe und Abendmahl sind die beiden einzigen Sakramente in der evangelischen Kirche.

Die Bilder an der Südwand sind alle von Pfarrern oder deren Frauen gestiftet worden. Mit der Wahl der Motive wurde eine regelrechte „Theologenwand" geschaffen, auf der sie ein Bildprogramm der Themen hinterlassen haben, die ihnen wichtig waren: Die Verbindung zwischen Altem und Neuen Testament und die Bedeutung der Sakramente. Die Bilder sind also nicht nur Schmuck, sondern ihnen liegt ein bestimmtes theologisches Konzept zu Grunde.

Die Stifter der Bilder an der Ostwand sind alles Sondelfinger Bürger, die wichtige Szenen der Passionsgeschichte zum Motiv gewählt haben. Die Malereien entsprechen in Farbgebung und Technik im Wesentlichen denen an der Theologenwand. Zu erkennen sind noch die Begeg-

Das Abendmahl an der Theologenwand

nung Jesu mit dem Hohepriester Kaiphas und eine Szene, in der Jesus von Pontius Pilatus weggeführt wird. Auch hier war dem Maler wichtig, dass alle am Geschehen beteiligten Personen gut zu erkennen sind. Alle Figuren sind zeitgenössisch gekleidet, vor allem die Soldaten, nur Pontius Pilatus und Kaiphas tragen Kopfbedeckungen und Gewänder, die fremdländisch anmuten. Die Begebenheiten werden also nicht in die Gegenwart des Malers übertragen, sondern in ihrem historischen Zusammenhang belassen, soweit sich den der Maler überhaupt vorstellen konnte.

In ihrer Farbigkeit und Detailgenauigkeit am besten erhalten ist die Apostelreihe an der Nordwand der Kirche. Der Maler benutzte Erdfarben mit bemerkenswerter Leuchtkraft und Wärme und verzichtete auf grelle Effekte, die Gesichter sind, vor allem, was Barttracht und Frisuren angeht, ziemlich individualisiert und der Maler legte größten Wert darauf, dass alles Wichtige gut zu erkennen ist, wie zum Beispiel die Erkennungszeichen der einzelnen Apostel.

Auch die Apostelreihe war natürlich eine Stiftung Sondelfinger Bürger, die sich alle namentlich verewigt haben. Für die Geschichte des Sondelfinger Bürgertums, für seine Binnenbeziehungen und Hierarchien, sind diese Bilder heute eine gute Quelle. Man könnte sogar vermuten, dass in der Apostelreihe eine ganze Galerie angesehener Sondelfinger Bürger aufmarschiert. Christoph Reinhardt zum Beispiel war ein wohlhabender Zimmermann, der nach dem Dreißigjährigen Krieg aus Thüringen nach Sondelfingen gekommen war. Er war zweimal verheiratet und hatte insgesamt 23 Kinder. Bei einem Gang über den Friedhof fällt schnell auf, dass „Reinhardt" ein in Sondelfingen immer noch häufiger Familienname ist.

Johannes Hegel, der den „Petrus" gestiftet hat, war der Enkel eines Sondelfinger Pfarrers, der ebenfalls Johannes Hegel hieß und von 1621 bis 1635 hier wirkte. Er hatte mindestens acht Kinder, von denen der Sohn Johann Georg wie der Vater Pfarrer wurde und in Eningen lebte und der Sohn Israel als Schuhmacher und Bürgermeister sein ganzes Leben in Sondelfingen verbrachte. Beide hatten mehrere Kinder, von denen jeweils eines Johannes hieß. Die Hegels, die heute noch in Sondelfingen leben, stammen genauso von dieser Familie ab wie auch der preußische Staatsphilosoph Georg Friedrich Wilhelm Hegel, der darüber hinaus sogar von einer Stiftung profitieren konnte, die Johann Georg Hegel ins Leben gerufen hatte.

Kirchenmalereien wie die in Sondelfingen waren in den protestantischen Kirchen Deutschlands im 16. und 17. Jahrhundert weit verbreitet. Im Zusammenklang von Schrift und Bild waren sie eine wichtige Imaginationshilfe für die Gemeinde. Es wäre falsch anzunehmen, diese Bilderbibeln sollten Gläubigen, die des Lesens und Schreibens nicht kundig waren, biblische Geschichte vermitteln: Dann hätte man auf die Textbeigabe verzichten können. Aber diese ist so wichtig, dass der Künstler dafür sogar auf einen proportional gelungeneren Bildaufbau verzichtet. Gut zu sehen ist das auf dem Bild, auf dem Jesus vor Kaiphas zu sehen ist: Damit der Text oben noch genug Platz hat, wird der Baldachin des Thrones, auf dem der Hohepriester sitzt, etwas abgeschnitten und auch über den beiden Rundbogenfenstern hätte ein wenig mehr bemalte Fläche der räumlichen Harmonie des Bildes gut getan. Die Bilder sollen keinen ästhetischen Genuss bereiten, sondern den Text möglichst genau wiedergeben. Und keinesfalls sollten die Bilder den Text interpretieren: Die protestantische Wandmalerei setzt sich sehr bewusst von dem ab, was man unter Kunst versteht, ihre Hauptaufgabe ist religionspädagogischer Art. Damit entsprechen die Bilder in Sondelfingen schon fast modernen Vermittlungsmethoden, in denen versucht wird, mehrere Wahrnehmungsebenen gleichzeitig anzusprechen.

Heute sind diese Bilder über ihren historischen Wert hinaus ein wichtiges Stück Mentalitätsgeschichte. Sie verraten mit Hilfe ihrer Stifterlegenden auch manches über die Beziehungen der Menschen untereinander und über das, was ihnen wichtig ist: Familie und Beruf, Herkunft und der Platz in der Gemeinde.

Der besondere Tipp

Wenn Sie nicht gleich heiraten möchten, die Stephanuskirche aber trotzdem in einem besonderen Rahmen erleben wollen, besuchen Sie doch eines der Konzerte: Meistens gibt es klassische Musik auf historischen Instrumenten. Die Termine können Sie beim Kulturamt der Stadt Reutlingen erfragen.

„...da bin Ich mitten unter ihnen": eine Gemeinde gestaltet ihre Kirche

Zu unserer Lieben Frau in Eningen unter Achalm

Eningen unter Achalm liegt in direkter Nachbarschaft zu Reutlingen und ist seit den Zeiten der Reformation ein protestantischer Ort. Das blieb viele Jahrhunderte lang so, noch zu Beginn der 30er-Jahre des 20. Jahrhunderts lebten in Eningen kaum mehr als 150 katholische Christen. Das änderte sich schlagartig nach dem Zweiten Weltkrieg, als viele Heimatvertriebene im deutschen Südwesten ein neues Zuhause finden mussten. Die katholische Gemeinde wuchs schnell auf etwa 1000 Mitglieder. Diese genossen zwar in der evangelischen Andreaskirche Gastfreundschaft, wünschten sich aber dennoch eine eigene Kirche. Zwischen 1961 und 1963 wurde das neue Gotteshaus gebaut und in Erinnerung an eine Marienkapelle, die es vor der Reformation in Eningen gegeben hatte, unter die Obhut „Zu unserer Lieben Frau" gestellt.

Ein konsequent moderner Kirchenraum

Die Kirche wurde während des 2. Vatikanischen Konzils errichtet und lässt schon in ihrer Raumdisposition etwas von der herrschenden Aufbruchstimmung erahnen: Ein offener Saal mit einem breiten Chor, auf den der Kreuzweg des Eninger Bildhauers Eduard Raach-Döttinger und die fünf Marienfenster von Wilhelm Geyer hinführen.

Wilhelm Geyer: Expressionistische Glasbilder

Der Ulmer Maler und Vitralist Wilhelm Geyer ist einer der bedeutendsten Vertreter der religiösen Kunst des 20. Jahrhunderts. Seine besondere Liebe galt der Glasmalerei. Für etwa zweihundert Kirchenbauten, unter ihnen der Kölner Dom und das Ulmer Münster, hat Geyer Glasfenster gestaltet. Dabei bedient er sich einer klar erkennbaren Formensprache, die gegenständlich, eindeutig und unmissverständlich ist. Seine Figuren sind von einer expressiven Einfachheit. Farbe wird kraftvoll eingesetzt und gibt den Werken eine atmosphärische Dichte.

Die Marienfenster sind ausschließlich in roten und blauen Farbtönen gehalten, nur dort, wo heiliges Geschehen angedeutet werden soll, werden festliche goldene Akzente gesetzt. So zum Beispiel in dem Fenster, welches das Weihnachtsgeschehen illustriert: Auf der linken Fensterseite ist die Begegnung zwischen Maria und Elisabeth, der Mutter von Johannes dem Täufer, dargestellt. Die Figur der Maria umgibt Geyer mit einem goldenen Hintergrund, die junge Frau ist eingehüllt in diese Aura der Heiligkeit. Die beiden sichtbar schwangeren Frauen strecken einander zur Begrüßung die Arme in freudiger Bewegung entgegen, Elisabeth berührt mit einer Hand Marias runden Bauch und greift damit in den goldenen, heiligen Bereich hinein. Marias Arme hingegen reichen aus diesem Bereich heraus: Die Grenzen zwischen dem Menschlichen und dem Göttlichen sind nicht klar umrissen, beides fließt ineinander. Die beiden Frauen umgibt ein dicker Farbrahmen in leuchtendem Rot, der Farbe der Freude.

Die linke Fensterseite hat die Anbetung Marias zum Thema. Auch hier ist die Bildszene farbig gerahmt, diesmal in Blau, der Farbe Marias. Maria kniet vor ihrem göttlichen Kind in der Krippe, das umgeben ist von den Symbolen der vier Evangelisten. Auch hier findet sich der goldene, ein heiliges Geschehen andeutende Hintergrund. Dieser wiederum wird von einem roten Rahmen umgeben. Durch den blauen Rahmen werden Maria und ihr Kind nach außen hin abgegrenzt, wodurch ihre tiefe innere Verbundenheit zueinander deutlich werden soll. Mit dem roten Innenrahmen wird diese Verbundenheit teilweise wieder aufgehoben oder zumindest auf Distanz gehalten. Maria, „voll der Gnade", bleibt Mensch und nur Mensch, sie ist nicht von göttlicher Natur, während Jesus eben „wahrer Gott" ist.

Das Tauffenster hat der Grazer Künstler Johannes Wohlfart gestaltet, der von 1930 bis 1969 immer wieder, oft in Zusammenarbeit mit Wilhelm Geyer, in der Region zwischen Rottenburg und Reutlingen als Kirchenmaler und Vitralist tätig war. So hat er zum Beispiel auch den Kreuzweg in St. Anastasia in Baisingen angefertigt.

Das Fenster zeigt die Taufe Jesu durch Johannes den Täufer. Vorherrschende Farben sind maritime Blau- und Türkistöne. Engelsflügel leuchten in reinem Weiß, Jesus und Johannes strahlen in Rot- und Orangetönen warme Lebendigkeit aus. Das Wasser des Lebens verbindet sich so mit dem lebendigen Gott. Ungewöhnlich ist die Technik: Das Fenster hat keine Bleiverglasung und ist nicht bemalt, sondern farbige Glassteine sind wie ein Mosaik in eine Betonwand eingefügt. Das Motiv wird dadurch in lauter einzelne Farbfelder zerlegt und so fast abstrahiert. Auf diese Weise verbindet Wohlfart den biblischen Text mit der ganzen bunten Vielfalt des Lebens und schafft mit dieser Glasbetonwand eine für die Taufe richtungsweisende, modern interpretierte künstlerische Aussage. Außer den Marienfenstern hatte Wilhelm Geyer auch die Altarrückwand als einen Mosaikteppich aus Sandsteinklinkern gestaltet. Vor dieser Klinkerwand hing seit 1986 der Kruzifixus des Ravensburger Bildhauers Josef Henger, der auch Altartisch, Ambo und Tabernakelstele geschaffen hatte.

Ein Schmerzensmann

Vor allem der Kruzifixus ist beeindruckend. Henger, der sich als religiöser Künstler begreift und in seinen Werken ein Stück Seelsorge sieht, hat einen richtigen Schmerzensmann geschaffen und mutet dem Betrachter damit einiges zu. Eine ausgezehrte Gestalt mit stark heraustretenden Ellenbogen- und Kniegelenken streckt die Arme mit riesigen Hän-

den nach oben, die Finger weit gespreizt, die ebenfalls überdimensionalen Füße krampfen regelrecht um das Holz des Kreuzes. Jesus ist hier wahrhaftig ein Gefolterter, die ganze Figur ein einziger Schrei. Nur das Gesicht unter der Stacheldrahtkrone wirkt friedlich, wie einverstanden mit dem, was geschieht. Angesichts dieses Schmerzensmannes muss man sich einlassen auf den Karfreitag, auf das Leid der Passion. Aber wie zum Evangelium gehört auch zum Leben die Auseinandersetzung mit dem Leid, dem eigenen und dem der anderen. Man kann sich vorstellen, dass in Momenten höchster Not diese Schmerzensmanndarstellung mehr Nähe und Trost zu spenden vermag als ein abgeklärter Christus, der die Welt bereits überwunden hat.

Der Altarstein war ursprünglich riesig, ein richtiger Opfertisch. Mit Ambo, Tabernakel und Kruzifixus bildete er vor der Ziegelklinkerwand eine liturgische Einheit, die zwar erlaubte, die Messe nach den Empfehlungen des Zweiten Vatikanischen Konzils zu feiern, aber Pfarrer und Assistenz noch weit von der Gemeinde entfernte.

Ein neues Konzept für den Kirchenraum

Der Mosaikteppich aus Sandsteinklinkern wurde zum Auslöser für die Innenrenovierung, die im Jahre 2004 stattfand und der Kirche ihr heutiges Gesicht gab. Aus der Wand lösten sich plötzlich immer wieder Steine

Mosaik aus Glas und Beton

heraus, die eine zunehmende Gefahr für Pfarrer und Ministranten darstellten. Kein Gutachter konnte erklären, worin der Grund für diesen plötzlichen „Steinschlag" lag. Zunächst wurde die Wand mit einem Sicherheitsnetz verhängt, aber nachdem keine Lösungsvorschläge für eine Sanierung gemacht werden konnten, entschloss man sich zu einer Neugestaltung der Altarrückwand. Hierzu gab es im März 2002 eine Gemeindebefragung. Daraus ergab sich ein überraschend intensiver Gedankenaustausch. Die Gemeindemitglieder wünschten sich ein ganzheitliches neues Konzept für den gesamten Kirchenraum. Dieser sollte heller und freundlicher werden und auch kleineren Gottesdienstformen einen angemessenen Rahmen geben.

In zwei offenen Foren konnte die ganze Gemeinde ihre Wünsche und Vorstellungen mündlich und schriftlich äußern, daraufhin wurden mit Architekturbüros Gespräche geführt und ein Künstlerwettbewerb für die Altarrückwand ausgeschrieben. Die Planungen wurden im Kirchengemeinderat diskutiert, auf einem dritten Forum der Gemeinde vorgestellt und schließlich auf einer Veranstaltung nach dem Sonntagsgottesdienst besprochen. Die Pläne stießen überall auf positives Interesse.

Eine solche Umgestaltung kostet natürlich viel Geld und bedeutet viel Arbeit. Hier hat sich die Gemeinde auf einzigartige Weise engagiert. Es wurden Projektgruppen gegründet, die sich um die Eigenleistungen am Bau, um die Finanzen und die Öffentlichkeitsarbeit kümmerten und die die Arbeit der vielen Helfer koordinierten. So wurden fast alle notwendigen Abbrucharbeiten von den Gemeindemitgliedern geleistet, die allein dafür 560 Stunden ehrenamtliche Arbeit aufwandten. Das Geld, das die Gemeinde selbst für die Umgestaltung aufbringen musste – einen großen

Teil übernahm die Diözese Rottenburg-Stuttgart – kam durch Einzelspenden und kreative Aktionen von der Diaschau bis zum Marmeladenverkauf zusammen. Mit den Arbeiten wurde in der Woche nach dem Weißen Sonntag 2004 begonnen und schon an Palmsonntag 2005, nach nicht einmal elf Monaten, konnte der Kirchenraum neu eingeweiht werden. Schon bald war klar, dass die Innenrenovierung nicht nur ein technisches Umbauprojekt war, sondern eine Phase der positiven Veränderung der Gemeinde, die durch die gemeinsame Arbeit zu einer lebendigen und kreativen Gemeinschaft zusammenwuchs.

Mittlerweile gestaltet die Gemeinde nicht nur den Kirchenraum, sondern auch die Kirche. Es gibt viele Menschen in Eningen, die sich „Unserer Lieben Frau" verbunden fühlen. Mit Kindergottesdiensten, einer sehr aktiven Pfadfindergruppe und zahlreichen Ministranten spricht die Kirche besonders junge Familien an, die sich aktiv im Gemeindeleben engagieren. Der Wandteppich, der das Beichtzimmer in einen einladenden Raum verwandelt, wurde von Frauen aus der Gemeinde gewoben.

Die Grunddisposition der Kirche blieb durch die Renovierung erhalten, der Altar wurde allerdings als Zentrum des Gottesdienstes mehr als sieben Meter näher an die Gemeinde herangerückt. Die Gläubigen können sich jetzt an drei Seiten um ihn herum versammeln und bilden so auch räumlich eine Gemeinschaft um den Tisch des Herrn. Der riesige einstige Opferstein wurde dafür um mehr als die Hälfte verkleinert. Ambo und Taufstein blieben beim Altar, für den Tabernakel wurde hingegen eine eigene kleine Sakramentskapelle geschaffen, die als Pendant zum Marienaltar auf der linken Seite der Chorwand dem Kirchenraum zu harmonischer Symmetrie verhilft.

Die Helligkeit und Leichtigkeit des neu gestalteten Innenraumes wird durch ein ausdifferenziertes Lichtkonzept unterstrichen. Ein zur Rückwand leicht ansteigender „Sternenhimmel" aus vielen an langen Schnüren schwebenden Leuchtern erhellt die Mitte der Kirche, Fluter und Strahlergruppen erlauben darüber hinaus besondere Effekte und setzen vor allem die neue Altarrückwand mit ihren wunderschönen Farbreflexen ins rechte Licht.

Diese ist das Ergebnis eines Wettbewerbs, den der Heilbronner Künstler Raphael Seitz für sich entschied. Die Farbtafeln aus Holz und

Glas, die sich wie ein Flügelaltar entfalten, und die Fensterfläche im Altarraum stellen den gekreuzigten Christus in das Licht der Auferstehung. Mit dunklen und hellen, leuchtenden und matten Farbtönen verweist der Künstler auf die wechselnden Seiten des Lebens, auf die Trauer wie auf die Hoffnung: Auf Karfreitag folgt immer Ostern, auf den Tod die Auferstehung. Dabei hat der Künstler auch Farben aus den Fenstern des Kirchenraumes aufgegriffen und lässt so Altes und Neues eine stimmige Verbindung eingehen. Die größte Farbtafel des Kunstwerks befindet sich genau in dessen Mitte und ist leuchtend blau: Blau ist die Farbe Marias, die in der ihr geweihten Kirche auf diese Weise einen zentralen Platz erhält. Die schönen Farb- und Lichtüberlagerungen entstehen durch den Aufbau des Werks: Auf einer hinteren Ebene entfaltet sich die Farbenmalerei, die auf grundierten Holzplatten mit Öl- und Acrylfarben ausgeführt wurde. Etwa 20 cm davor sind vier Glaselemente installiert, der Abstand sorgt dafür, dass die Überlagerungen auch räumlich wirken.

Das Kruzifix steht nicht direkt davor in der Mitte der Altarrückwand, sondern ist etwas zur Seite, zum Altarfenster hin, versetzt. Damit stellt Raphael Seitz das Kreuz in das Licht, das durch das Fenster hineinfällt und verbindet so das Dunkle der Passion mit dem hellen Licht des Lebens. Es wird hier deutlich, dass da wo Karfreitag ist, Ostern bereits heraufleuchtet: „Sein Licht, aufgehend wie die Sonne am Himmel, hat uns berührt. Es leuchtet auch denen, die in der Dunkelheit sind oder im Schatten des Todes, und lenkt unsere Schritte zum Frieden." (Lk 1, 78b-79)

Der besondere Tipp

Der besondere Tipp: Den ganzen Tag nur spielen! Das kann man im Erholungsgebiet Eninger Weide. Auf der Albhochfläche bieten ein Wildgehege und ein Vogellehrpfad, Spielplätze und Feuerstellen alles für einen schönen Draußentag mit der ganzen Familie.

Weihnachtskrippe und Ministranten

St. Martin in Großengstingen

Großengstingen liegt im südlichsten Zipfel der Reutlinger Alb, also in dem Gebiet, das bis 1806 zum Herzogtum Württemberg gehörte. Hier wurde 1535 die Reformation eingeführt und die Orte um Großengstingen herum können auf eine Jahrhunderte währende protestantische Glaubenskultur zurückblicken.

Umso überraschter ist man, wenn man nach dem steilen Albaufstieg in Großengstingen ankommt und eine zuckerbäckerrosafarbene Barockkirche erblickt, die sich auffällig von der eher rauen Lichtensteinlandschaft unterscheidet. Von protestantischer Schlichtheit ist nichts zu spüren: Großengstingen war und ist ein katholischer Ort. Die „Herrschaft Großengstingen" gehörte dem Fürstbischof von Chur. 1694 verkaufte das Bistum Chur sie an das Kloster Zwiefalten. Lange herrschte Uneinigkeit über den Kaufpreis, Forderungen und Angebote füllten eine Spanne von 90.000 bis 270.000 Gulden aus. Die Verhandlungspartner scheinen hartnäckig gefeilscht zu haben: 23 Jahre wurde gestritten, schließlich schaltete man die Akademie Ingolstadt als Schlichter ein und mit deren Ver-

Festliches Barock

mittlung wurde der Kauf 1717 endlich rechtskräftig. Noch im selben Jahr begann Franz Beer von Bleichten mit dem Neubau der Kirche. Vom Vorgängerbau verwendete er nur den Unterbau des Turmes, der Rest wurde vollständig abgerissen.

Der Vorarlberger Baumeister war Mitglied der Auer Zunft und Schüler von Michael Thumb, dem er ab 1682 bei dem Bau des Klosters Obermarchtal assistierte. Von allen Baumeistern aus dem Bregenzerwald, die die sakrale Architektur im deutschen Südwesten nachhaltig geprägt haben, hat er die meisten Bauaufgaben betreut. Klöster und Kirchen waren seine Hauptauftraggeber. Zu seinen bekanntesten Werken gehören das Kloster Salem und die Basilika in Weingarten. Im Gegensatz zu diesen großen Kirchenbauten nimmt sich die dem heiligen Martin geweihte Pfarrkirche äußerst bescheiden aus. Sie ist natürlich viel kleiner als die repräsentativen Münsterbauten und verfügt auch nicht über die für Franz Beer so typischen weit auseinanderstehenden Doppeltürme, die als sein Markenzeichen gelten. St. Martin ist ein äußerlich relativ schlichter Bau, auffällig sind vor allem die großen ovalen Fenster. Aber wenn man bedenkt, wie klein Großengstingen vor dreihundert Jahren war, wird durchaus deutlich, dass sich der Abt von Zwiefalten mit dieser neuen Kirche dennoch ein Prestigeobjekt schaffen wollte, das den Einfluss, den Reichtum und die Macht des Klosters deutlich zur Geltung brachte.

Vor der Kirche hat man den alten Kirchhof zur Grünanlage eingeebnet und nur zwei alte Gräber erhalten. Der neue Friedhof befindet sich ebenfalls direkt an der Kirche und ist nicht, wie vielerorts üblich, an den Dorfrand gedrängt worden. Hier behält man seine Toten ohne Scheu unter sich. Das Pfarrhaus liegt gegenüber der Kirche, daneben sind die Schule und das Rathaus, das Notariat und das alte Backhaus. So teilt sich die katholische Kirche mit allen anderen Bereichen des öffentlichen Lebens die Ortsmitte.

Ein Festsaal für die Gemeinde

Der Kirchenraum beeindruckt durch seine Größe: Das Kirchenschiff ist, im Verhältnis zum Chor, überdurchschnittlich breit, was zu dem großzügigen Raumeindruck ebenso beiträgt wie die großen, weißen Fenster und das Fehlen von Stuckaturen, deren großzügige Verwendung viele barocke

Kirchenräume eher gedrungener wirken lässt. Hier jedoch ist alles sehr licht, sehr geräumig, sehr elegant und einem geschmackvollen „Weniger ist mehr" verpflichtet. Ein Festsaal für eine Gemeinde, die gemeinsam Gottes Lob und das der Kirche feiert.

Aber natürlich wurde auch dieser Kirchenbau während der letzten Jahrhunderte immer wieder verändert und renoviert. 1890 wurden beispielsweise die Fenster durch bunte Glasfenster ersetzt, an die sich ältere Gemeindemitglieder noch erinnern können. Ganz wunderbare Bilder seien das gewesen, aber 1959 hätte man sie alle herausgenommen und zerschlagen, weil in eine Barockkirche nur weiße Butzenscheiben passen würden. Selbst wenn man den „Bilderstürmern" aus den 60er-Jahren des 20. Jahrhunderts, die alles Neugotische als falsche Historisierung entlarven wollten und die Kirchen nicht zuletzt im Namen einer strengen Schlichtheit weiß übertünchten, manchmal etwas verständnislos gegenübersteht, war hier die Rückkehr zu der ursprünglichen barocken Farbgebung und den hellen Fenstern sicherlich eine gute Entscheidung zugunsten eines ästhetischen Gesamtbildes.

Die letzte große Renovierung fand 1989 statt. Auch sie versuchte, sich der barocken Eleganz mit dem hellen Marmorboden und den hellen Kirchenbänken anzupassen. Erst während dieser Renovierung bekam die Kirche einen Volksaltar und einen Ambo. Der Taufstein von 1606, der aus der Vorgängerkirche übernommen wurde, fand einen angemessenen Platz zwischen Chorraum und Kirchenschiff.

Die komplette Innenausstattung der Kirche kommt aus völlig unterschiedlichen Zeitabschnitten. Die ältesten Heiligenfiguren stammen aus der ersten Hälfte des 15. Jahrhunderts, die Deckenbemalung aus den 20er-Jahren des vorigen Jahrhunderts. Der barockisierte gotische Kruzifixus hängt an einem neugotischen Kreuz. Die Seitenaltäre sind zwar barock, wurden aber erst 1960 aus einer Pfarrkirche in der Nähe von Spaichingen angekauft. Die Anna Selbdritt stammt vermutlich aus der Vorgängerkirche, die trauernde Frau auf der anderen Seite des nördlichen Seitenaltares ist zwar ähnlich alt, stammt aber aus einer anderen Kirche. Man könnte meinen, diese vielen unterschiedlichen Ausstattungsstücke würden den Kirchenraum in eine Art sakralen Flohmarkt verwandeln, aber das ist überhaupt nicht der Fall: Der helle, festliche Raum lässt dieses Sammelwerk durchaus zu. Alles ist in ein Gesamtkonzept eingebunden. Die weißen Wände mit den großen Ovalfenstern bilden den Rahmen, in dem die unterschiedlichen Einrichtungsgegenstände wie in einer gelungenen Collage arrangiert werden: Herausgekommen ist ein stimmiger Bilderbogen der verschiedenen Frömmigkeitskulturen vergangener Zeiten. Ob in der Gotik, der Barockzeit, dem historisierenden 19. oder dem schnelllebigen 20. Jahrhundert: immer gestalteten die Gläubigen den Kirchenraum so, wie es ihren Vorstellungen von einem sakralen Raum entsprach.

Eine der ältesten Heiligenfiguren, von denen es in St. Martin zahlreiche gibt, stellt den Patron der Kirche dar. Als Bischof von Tours trägt er Stab und Mitra, sein weich fallender Mantel ist vergoldet. Unter diesem Mantel kniet der Bettler, mit dem Martin den Mantel geteilt hatte. Damit steht die Figur in der Tradition der Schutzmantelmadonnen, also Marienfiguren, unter deren Mantel sich die Gläubigen betend versammeln, und so von ihr in Schutz genommen werden. Die Mantelmadonna spielt auf den mittelalterlichen Rechtsbrauch des Mantelschutzes an: Durch das Bedecken mit dem Mantel konnte einem Verfolgten rechtlicher Schutz gewährt werden. Bei einer Hochzeit legte man den Mantel um die vorehelichen Kinder und machte sie auf diese Weise zu ehelichen. Auch Adoptionen konnten auf diese Weise vollzogen werden. Der heilige Martin nimmt mit dem Bettler natürlich alle Armen, Verfolgten und Ausgegrenzten unter seinen Mantel: „Was ihr getan habt einem von diesen meinen geringsten Brüdern, das habt ihr mir getan." (Matth. 25,40)

Das einzige Stück der Kircheneinrichtung, das speziell für den Neubau angefertigt wurde, ist der Hochaltar. Er stammt aus dem Jahr 1736. Auch er ist für einen Barockaltar erstaunlich unprätentiös und wie die übrige Kirche von gediegener Eleganz mit seinen gedrehten Stuckmarmorsäulen und dem goldenen Rankenwerk. Das Altarbild stammt wie der Kirchenbau selbst von einem Vorarlberger Meister, Johann Caspar Kohler, und erzählt die Geschichte vom Guten Hirten. In einer so kargen Gegend wie der Schwäbischen Alb, wo die Bedingungen für die Landwirtschaft härter waren als anderswo, konnte sich natürlich jeder Gläubige mit dieser Geschichte identifizieren. In gegenreformatorischen Zeiten lässt sich der gute Hirte aber auch mit der katholischen Kirche, die auch noch den letzten protestantischen Abtrünnigen wieder in ihre Herde zurückholen möchte, vergleichen.

Eine ungewöhnliche Weihnachtskrippe

Die Weihnachtsgeschichte auf der Schwäbischen Alb

Die Landschaft der Schwäbischen Alb und die Menschen, die hier leben sind auch Thema der Krippe, die jedes Jahr am Tag vor Weihnachten vor dem Marienaltar aufgebaut wird. Sie ist neu, in den 90er-Jahren wurde sie in einer Südtiroler Werkstatt angefertigt. Besonders faszinierend ist die räumliche Tiefe der Krippe. Die hinten stehenden Figuren sind kleiner als die vorderen, sodass ein wirkungsvolles Diorama entsteht.

Die Weihnachtsgeschichte wird hier auf die Schwäbische Alb in der Nähe von Großengstingen verlegt, die Kirche St. Martin ist deutlich zu erkennen. Jesus kommt nicht in einem Stall, sondern in einer Höhle zur Welt, deutlich erkennt man die kargen Magerwiesen und die schroffen Felsformationen der Alb. Die Figuren sind alle unterschiedlich gekleidet, einige tragen Mäntel, Stolen und Tuniken, wie sie zur Zeit von Jesu Geburt üblich waren, andere haben Kittel an, wie sie Albkinder im 19. Jahrhundert getragen haben mögen. Genau einordnen lässt sich die Gewandung der Figuren nicht. Es sind viele und sehr unterschiedliche Menschen, die sich auf den Weg zur Krippe gemacht haben. Neben dem bekannten Personal ist der Pfarrer dabei, zahlreiche Frauen und überraschend viele Kinder. Die Vermutung liegt nahe, dass Weihnachten mittlerweile vor allem als eine Art Kinderfest angesehen wird und

eine Krippe wie ein Kaufmannsladen zur Kinderweihnacht gehört. Aber wenn man genau hinschaut, bemerkt man, dass auch die Erwachsenen sich alle deutlich unterscheiden. Sie sind prächtig oder armselig gekleidet, jung oder alt und nicht nur einer der Weisen aus dem Morgenland hat eine dunkle Hautfarbe. Am rechten Bildvordergrund steht eine junge Frau am Brunnen, die für schwäbische Verhältnisse sehr offenherzig gekleidet ist. Hier wird verkündet: zur Krippe kann jeder kommen, ganz gleich, wer er ist, Jesus ist für jeden von uns geboren, für den Pfarrer wie für die Sünderin.

Eine besonders aktive Gemeinde

Großengstingen blieb der katholischen Herde auf ungewöhnliche Weise erhalten: 1758 verkaufte Zwiefalten den Ort an das Herzogtum Württemberg. Das Kloster trennte sich von seinem Besitztum allerdings nur unter der Auflage, dass das Dorf katholisch bleiben müsse. Das führte dazu, dass Großengstingen zu einer katholischen Enklave wurde, in der man besonders fromm war und in der sich auch ein besonderes Zusammengehörigkeitsgefühl entwickelte.

Das scheint sich bis heute erhalten zu haben: Im Chorraum hängt an der Nordseite eine knallbunt im Pop-Art-Stil bemalte Pinwand, in der kleine Holznägel mit verschiedenen Symbolen stecken: Herzen, Wolken, Fische, Kreuze, Regenbogen und vieles mehr. Dieses ungewöhnliche Kunstwerk ist die Ministrantentafel. Wer bei einer Messe ministriert hat, darf seinen Nagel auf der Tafel ein Loch weiter nach oben stecken, wer ganz oben angekommen ist, erhält eine kleine Anerkennung. Es sind viele Holznägel auf der Pinwand: Großengstingen hat die meisten Ministranten in der ganzen Diözese. Alle Jungen und Mädchen im Ort scheinen mitmachen zu wollen und es wird niemand weggeschickt. An normalen Sonntagsgottesdiensten stehen manchmal 25 Messdienerinnen und Messdiener um den Altar herum, die ältesten sind 18 Jahre alt. Nach der Erstkommunion können die Aspiranten an einem Vorbereitungskurs teilnehmen, anschließend werden sie in einem feierlichen Gottesdienst als Ministranten aufgenommen, erhalten ihr Ministrantenkreuz und bleiben dann oft jahrelang dabei.

Es sind nicht nur die Kinder und Jugendlichen, die sich so aktiv ins Gemeindeleben einbringen. Im Kirchenchor singen über fünfzig Menschen mit, obwohl es im Ort auch einen weltlichen Liederkranz gibt.

Wer weder ministriert noch singt engagiert sich anderweitig. Viele Menschen, die im Ruhestand sind, arbeiten in der Kirche ehrenamtlich mit. Ein ehemaliger Schreiner baut jedes Jahr das Gestell für die Krippe auf, die dann von Frauen aus der Gemeinde bestückt wird. Selbst für größere Baumaßnahmen braucht man keine Firma: Die Friedhofsmauer und die Dämmung im Dach wurden in den letzten Jahren in Wochenendarbeit renoviert, der Inhaber des entsprechenden Handwerksbetriebes leitete für Gotteslohn die Bauarbeiten und ließ sich nur die Materialkosten bezahlen. Einmal im Jahr ist „Kirchenputzete" und es ist jedes Mal eine Art Dorffest. Viele Gemeindemitglieder rechnen es sich zur Ehre an, mit dabei zu sein.

Soviel ehrenamtliches Mittun ist nicht zuletzt der Arbeit eines sehr engagierten Kirchengemeinderates zu verdanken. Aber natürlich stellt sich der staunende Besucher die Frage, warum gerade in dieser Kirche das Gemeindeleben so außerordentlich gut funktioniert. Vielleicht liegt es daran, dass das starke Zusammengehörigkeitsgefühl der Großengstinger als kleine Gruppe von Katholiken in einem protestantischen Umfeld bis heute anhält und wirkt. Letztendlich spielt es keine Rolle: St. Martin ist eine Kirche mitten im Dorf und mitten im Leben, und man kann der Gemeinde nur wünschen, dass es so bleiben wird.

Der besondere Tipp

Man muss kein ausgewiesener Autonarr sein, um im liebevoll ausgestatteten Automuseum in Engstingen sein Herz an die glänzend polierten Oldtimer zu verlieren: www.automuseum-engstingen.de

Gegenreformation zwischen Kanutour und Burgruine

St. Gallus in Münsingen-Bichishausen

Einer der schönsten Fahrradwege in der Region, der auch mit Kindern gut zu bewältigen ist, führt durch das Lautertal. Friedlich mäandert der Fluss zwischen den Hängen der Alb hindurch, an hübschen Dörfern mit gemütlichen Biergärten vorbei. Nicht weniger als achtzehn Burgen und Ruinen säumen die angrenzenden Höhen. Einer der touristisch besonders gut erschlossenen Orte ist Bichishausen, ein 150-Seelen-Albdorf mitten im Großen Lautertal. Hier kommt man vor allem im Sommer zum Kanu fahren her. Vier Stunden dauert die Tour von Buttenhausen nach Indelhausen, die an Werktagen im Juli und August ein einmaliges Erlebnis für die ganze Familie ist. Die eigentlich gemächlich dahinfließende Lauter wird immer wieder von kleinen Stromschnellen und Wasserfällen unterbrochen, ein relativ ungefährlicher Nervenkitzel und Riesenspaß für alle, die schwimmen können und keine Angst davor haben, nass zu werden.

Für ein Picknick und alle Arten von Ritterspielen sehr geeignet ist die imponierende Burgruine von Bichishausen, die frei zugänglich ist und auf einem Bergsporn über dem Dorf aufragt. Erstmals erwähnt wird diese beeindruckende Feste 1296, der letzte Burgherr, Heinrich Treisch von Buttlar, ein kaiserlicher Rat, fand hier 1541 seine letzte Ruhe. Seine Frau Anna, eine geborene Truchsessin von Ringingen, starb vier Jahre später. Die Burg gelangte an das Haus Fürstenberg, wurde aber nicht mehr bewohnt und verfiel immer mehr. Sie ist ein schönes Beispiel für eine spätmittelalterliche Schildmauerburg. Bei Sanierungsarbeiten in den 70er-Jahren hat man sogar Reste eines Bergfrieds aus der Stauferzeit mit besonders eindrucksvollen, trutzigen Buckelquadern gefunden.

Steigt man von der Burg herunter und läuft ins Dorf, in dessen Mitte die barocke Pfarrkirche St. Gallus liegt, so kommt man auf der Lautertalstraße an einem kleinen Buswartehäuschen vorbei, das blau-weiß-rot und schwarz-gelb verziert ist. War hier etwa einmal die Grenze zwischen

Württemberg und Frankreich? Keineswegs: Die französischen National-
farben gehören auch zu den Fürsten von Fürstenberg, das Wartehäus-
chen markiert die Grenze zwischen Württemberg und dem Hause Fürstenberg.

Seit 1735 steht das rosa-weiße Kirchlein mit dem Zwiebelturm am
Ufer der Lauter, eine typische Gegenreformationskirche. Eine kleinere
Kirche wurde abgerissen, um einem Gebäude Platz zu machen, das den
damaligen Dorfbewohnern die Macht und den Einfluss der wahren katholischen Kirche in schönster Zuckerbäckermanier vor Augen halten
sollte. Die heutige Kirche richtet sich nach Süden aus: Dort wo sich
heute der Chorraum befindet, war das Schiff des Vorgängerbaus und an
der Stelle des heutigen Turms befand sich ursprünglich der Chor.

Rekonstruiertes Barock

Auch die Innenausstattung ist auf den ersten Blick mehr oder weniger
barock, auf den zweiten Blick allerdings fällt auf: St. Gallus ist keine richtig alte Kirche, sondern eine rekonstruierte alte Kirche. Nur ganz wenige

St. Gallus

Dinge sind wirklich Originale aus dem 18. Jahrhundert oder stammen sogar noch aus der Vorgängerkirche.

Dazu gehört vor allem die sehr schöne Pietà aus dem 15. Jahrhundert. Die Darstellung der Maria, die ihren toten Sohn im Schoß hält, wurde seit dem 14. Jahrhundert immer populärer. Heutzutage ist ein solches Bildnis in nahezu jeder katholischen Kirche zu finden. Die Trauer um das tote Kind, die Fassungslosigkeit angesichts dieses großen Unglücks im Leben eines Menschen rückt Maria in die Nähe der Menschen. So wie Jesus als Mensch den Tod am Kreuz auf sich nimmt, so nimmt die Himmelskönigin Maria das Schlimmste auf sich, was Mütter ertragen müssen. Ihre Trauer kann jeder nachfühlen. Deshalb spielt es auch keine Rolle, dass diese Szene in den Evangelien so nicht vorkommt. Dieser vollkommene Schmerz konnte beim Betrachter nur tiefes Mitleid sowie das Gefühl, sich mit dieser trauernden Frau auf Augenhöhe zu befinden, auslösen Vermutlich verzeiht man deshalb einer Pietà viel mehr künstlerische Unvollkommenheiten als anderen sakralen Bildwerken. Auch bei dieser stimmen die Proportionen nicht, der Körper von Jesus ist seltsam verkürzt und zu klein für den etwas massigen Kopf. Aber das Gesicht von Maria, umrahmt von Schleier und Haube, ist ausgesprochen beeindruckend. Nicht mehr jung, schon gar nicht lieblich, aber auch nicht so alt, wie eine 50-jährige Frau im Spätmittelalter vermutlich ausgesehen hat. Das schmale Gesicht mit den fein geschwungenen Augenbrauen strahlt Eleganz und Würde aus, aber auch Distanz. Der Blick ist auf den toten Sohn gerichtet. Maria ist ganz bei sich, bei Christus und bei ihrem Schmerz.

Alt ist auch das Epitaph, das an den letzten Bichishausener Burgherren Heinrich Treisch von Buttlar und seine Gemahlin Anna erinnert. „Riter in remischer kiniglicher maiestät dinst wider die dirken" steht an den Seiten und erinnert an die Teilnahme des Burgherren an den Türkenkriegen, die schönen Wappen in den Ecken liefern eine beeindruckende Ahnenprobe.

Auch die etwas verdrießlich dreinschauenden Engel an der Orgelempore mit ihren an Blätter erinnernden Flügel sind noch Originale aus der ursprünglich barocken Kirche. Der Rest ist später dazugekommen oder wurde rekonstruiert: 1968/69 wurde St. Gallus renoviert und in nachkonziliarischem Eifer wurde wirklich jedes kleinste barocke Element aus der

Kirche entfernt. Der Stuck wurde abgeschlagen, der Hochaltar abgebaut und sämtliche Wände geweißelt.

Die Folge war ein vollkommen leerer und kahler Kirchenraum. Der gegenreformatorische Luxus passte nicht mehr zum Zeitgeist. Angesichts von Hunger und Elend in der Welt hatte ein Gotteshaus schlicht zu sein, franziskanisch arm, nichts Oberflächliches war erwünscht und schon gar nichts, was an absolutistische Fürstenwillkür erinnern könnte.

Mit dieser Nüchternheit fanden sich aber weder der Pfarrer noch die Gemeinde lange ab und nach und nach wurde die Kirche wieder mit Bildwerken ausgestattet. 1978 ließ der damalige Pfarrer einen Kreuzweg

Pietà

anfertigen. Der sehr traditionell eingestellte Kirchenmann wollte auf keinen Fall ein modernes Kunstwerk in seiner Kirche und deshalb orientierte sich der Maler an barocken Kunstwerken oder an dem, was er dafür hielt. Sogar die Orthographie der Bildlegenden entspricht barocker Schreibweise.

Extrem traditionell und sehr ungewöhnlich für eine Kirche, die in den 60er-Jahren so radikal renoviert wurde sind auch die für die Ohrenbeichte typischen Beichtstühle. In einem so kleinen Dorf, wo jeder jeden kennt, sind die Menschen zurückhaltend und möchten ihre Geheimnisse oft nicht einmal dem Pfarrer anvertrauen, schon gar nicht in einem Gespräch von Angesicht zu Angesicht. Deshalb kam noch bis vor wenigen Jahren immer zu Ostern, wenn viele Menschen zur Beichte gehen möchten, ein fremder Pfarrer in die Kirche, um den Gläubigen die Beichte abzunehmen.

Seit 1982 schmückt die Kopie einer Ikone die Kirche. Diese erinnert an einen Besuch der Heiligen Mission der Redemptoristen, eines Ordens, der sich vor allem in der Gemeindemission engagiert.

Ein ungewöhnliches Kirchenfest

In den 90er-Jahren war wieder eine größere Renovierung fällig. Jetzt entschied man sich, alles, was von der ursprünglichen Barockausstattung noch bekannt war, wieder zu rekonstruieren. Der Stuck wurde wieder aufgebracht und die Deckengemälde nach alten Fotovorlagen nachgemalt. Jetzt sind in den Ecken die vier Kirchenväter zu erkennen: Papst Gregor der Große mit seiner Tiara und Hieronymus, der Einsiedler, in dessen Gegenwart selbst die Löwen zahm geworden sein sollen. Ambrosius wird mit einem Bienenkorb dargestellt: Einer Legende nach soll ein Bienenschwarm dem Säugling Honig in den Mund geträufelt haben und ihm damit sein rhetorisches Talent geschenkt haben: Süß wie Honig seien seine Reden gewesen. Das Herz, das Attribut von Augustinus, spielt auf den berühmten Anfang seiner „Confessiones", der ersten Autobiographie der Literaturgeschichte an: „Unruhig ist unser Herz, bis es ruht in dir, o Herr."

Das Deckenmedaillon gibt ein kleines Rätsel auf: Das seltsame Zeichen in der Mitte ist ein Marienanagramm, es enthält alle Buchstaben des Namens der Gottesmutter. Die anderen Motive, wie die Sonne, die Hände, welche eine Kette und einen Schal halten sowie das von einem Schwert durchbohrte Herz, ebenfalls ein Mariensymbol, verweisen auf das Skapulierfest, das immer am 16. Juli gefeiert wird. Ein Bild im Kirchenschiff erzählt die Geschichte dieses Gedenktages:

Ein Skapulier kommt schon in der Regel des heiligen Benedikt vor. Es handelt sich dabei um eine Art Stola oder Schürze, eine breite Stoffbahn, die über den Kopf gezogen wird, die Schultern bedeckt und vorne und hinten herunterhängt. Die Mönche sollten ein solches Skapulier bei der Arbeit über der Ordenskleidung tragen.

Eine besondere Bedeutung bekam dieses ursprünglich praktische Kleidungsstück erst bei den Karmelitern. Simon Stock, der General des Karmelitenordens, hatte am 16. Juli 1251 eine Marienvision. Die Mutter Gottes erschien ihm und versicherte ihm, sein Orden stehe unter ihrem ganz besonderen Schutz. Als sichtbares Zeichen dieses Schutzes und ihrer Verehrung durch den Orden schenkte sie Simon ein Skapulier. Noch heute gehört ein Skapulier zum Habit der Karmelitinnen und Karmeliten, die Einweihung und Übergabe geschieht mit einer besonderen Zeremonie.

Das Tragen eines solchen Skapuliers bedeutete also, sich unter dem besonderen Schutz Marias zu befinden. Die Mutter Gottes erlöst alle, die sich auf diese Weise zu ihr bekennen aus ewiger Verdammnis und befreit sie am Samstag nach ihrem Tod aus dem Fegefeuer. Mehrere Päpste versprachen einen Ablass, wenn jemand gelobte, dieses Kleidungsstück zu tragen. Es entstanden Skapulierbruderschaften, deren Mitglieder unter ihren Kleidern ein kleines Skapulier aus zwei Stückchen Seide oder Wollstoff mit einem Marienbildchen darauf an einer Schnur um den Hals tragen. Sie praktizieren eine besondere Marienverehrung, bilden Gebetsgemeinschaften, geloben Keuschheit und verzichten an mehreren Tagen der Woche auf den Genuss von Fleisch. Papst Benedikt XIII. weitete 1726 den Tag des Skapulierfestes auf die gesamte Kirche aus. Als etwa zehn Jahre später die Kirche in Bichishausen gebaut wurde, war diese Form der Marienverehrung also gerade sehr populär, sodass es nahe lag, in der Ausgestaltung der Kirche darauf hinzuweisen. Vermutlich hat es auch im Lautertal eine solche Skapulierbruderschaft gegeben.

So kritisch man dem Versuch, einmal zerstörte Kunst- oder Bauwerke wieder zu rekonstruieren auch gegenüberstehen mag, so ist diese kleine Dorfkirche auch ein Beispiel dafür, wie sich eine Gemeinde immer wieder neu mit ihrem Glauben und dessen Geschichte auseinandersetzt.

Der besondere Tipp

Kanu fahren, wandern, radeln – wem das alles noch nicht reicht, für den bietet die Mittlere Schwäbische Alb mit dem Großen Lautertal auch hervorragende Klettermöglichkeiten. In Bichishausen kann man sich am Spitzen Stein auf 16 eher schwierigen Kletterrouten austoben.

Das Wahrzeichen des Landkreises

St. Remigius in Wurmlingen

„Luftig, wie ein leichter Kahn,
Auf des Hügels grüner Welle,
Schwebt sie lächelnd himmelan,
Dort die friedliche Kapelle."

Die Wurmlinger Kapelle ist ein besonderer Ort. Von weitem zu sehen, zu jeder Jahreszeit, zu jeder Tageszeit, bei jedem Wetter umgibt die nicht nur von Ludwig Uhland, sondern auch von Nikolaus Lenau besungene ehemalige Wallfahrts- und Pfarrkirche eine besondere Atmosphäre. Hat man den Kapellenberg erst einmal bestiegen, ist die Aussicht über Neckar- und Ammertal wahrhaft atemberaubend.

Die besondere Form dieses Kapellenberges legt natürlich die Vermutung nahe, dass es hier eine Kultstätte von dem Moment an gegeben hat, an dem Menschen in dieser Gegend zu Hause waren. Auf dem Kapellenberg ist man dem Himmel ganz einfach ein Stückchen näher. Ausgrabungen aus den 1960er-Jahren haben ergeben, dass es im 7. oder 8. Jahrhundert bereits eine Kirche aus Holz an dieser Stelle gegeben hat. Zu dieser Zeit war auch der heilige Remigius, ein fränkischer Bischof, der den Merowingerkönig Chlodwig getauft haben soll, ausgesprochen populär und viele Kirche wurden unter seinen Schutz gestellt. Im 9. Jahrhundert wurde die erste Kirche aus Stein erbaut, an deren Stelle im 12. Jahrhundert das romanische Bauwerk entstand, von dem heute noch die Krypta erhalten ist.

Ein reiselustiger Graf

Das sind die durch Quellen und Ausgrabungen belegten historischen Fakten. Die Sage, die sich um die Gründung der Wurmlinger Kapelle rankt, ist aber ungleich poetischer: Um das Jahr 1000 lebte in Calw ein Graf namens Anselm, der von einem unbezähmbaren Wandertrieb beseelt war. Er war nicht verheiratet und vagabundierte sein Leben lang in der Welt herum. Erst als alter und gebrechlicher Mann ließ er sich widerstrebend hier in der Gegend nieder. Als er zum Sterben kam, dachte er voller Sehnsucht an seine wunderbaren Wanderjahre zurück und äußerte einen letzten Wunsch: Man möge ihn in einem steinernen Sarg bestatten, diesen auf ein Fuhrwerk legen und zwei ungebändigte Ochsen davor spannen. Diese solle man solange laufen lassen, wie sie wollten und da, wo sie anhielten, möge man eine Kapelle bauen und ihn dort bestatten. Seinem Wunsch wurde entsprochen und zufällig blieben die Tiere genau an der Stelle stehen, wo sich heute die Kapelle befindet. Natürlich fragt

Die Krypta der Wurmlinger Kapelle

man sich beim Hören dieser Geschichte zu Recht, was sich die beiden Ochsen wohl dabei gedacht haben mögen, einen Steinsarg diesen Hügel hinauf zu schleppen. Aber wenn man an der Friedhofsmauer steht und über das Land blickt, begreift man, dass dies die einzig mögliche letzte Ruhestätte für einen Menschen mit chronischem Fernweh sein kann.

Obwohl der Name des reiselustigen Grafen erst im 15. Jahrhundert auftaucht, haben viele Pfarrer versucht, noch Spuren oder sogar das „echte" Grab des legendären Anselm zu finden. In der Nähe einer gotischen Grabnische hat man 1962 tatsächlich ein mittelalterliches Grab gefunden, in dem sich ein Schädelknochen und ein Stück von einem Oberarmknochen befand. Über dem Armknochen lag sogar ein Stück metalldurchwirktes Gewebe. Da man nicht weiß, wer der Tote war, könnte es ebenso gut auch der Graf Anselm sein. Jedenfalls macht es Spaß, das zu glauben …

„Einst bei Sonnenuntergang
Schritt ich durch die öden Räume,
Priesterwort und Festgesang
Säuselten um mich wie Träume."

So dichtet Lenau weiter. Priesterwort und Festgesang gab es lange Zeit auf der Wurmlinger Kapelle, denn alljährlich wird in Erinnerung an den legendären Stifter der Calwer Jahrtag gefeiert, heute in aller Regel am Nachmittag des ersten Sonntags im Juli. 1348 wird dieses Fest zum ersten Mal erwähnt. Alle Pfarrer des Bezirks Sülchen waren verpflichtet, an diesem Stiftungsfest teilzunehmen. Zunächst wurde eine Seelenmesse und ein Hochamt für den Grafen Anselm gefeiert, anschließend versammelte sich die Gemeinde zu einem üppigen Festmahl, das die Finanziers des Jahrtags ausrichteten und zu dem extra ein Metzger und ein Koch einbestellt wurden. Die Bergmesnerin besitzt tatsächlich noch eine alte Menüfolge:

Als ersten Gang gab es geröstete Schweinsköpfe, drei verschiedene Sorten Brot und drei verschiedene Sorten Wein: roter, weißer und neuer Wein vom Kapellen- und vom Pfaffenberg. Anschließend ging man zu Gänseklein über, das gleichfalls mit Brot und Wein serviert wurde. Ein gekochtes Huhn und gesottene Fische bildeten den dritten und vierten Gang. Eine Trojanische Gans schloss das üppige Festmahl ab: In der gebratenen Gans steckte ein gebratenes Huhn und darin eine Bratwurst.

Alle Reste dieses Festmahls bekamen die Armen, die sich an der Sülchenkapelle um eine Stierhaut versammelten. Außerdem wurden während des Essens noch Almosen in einem ausgehöhlten Brot gesammelt, die ebenfalls den Armen zu Gute kamen.

Mit einem so opulenten Essen wird der Calwer Jahrtag schon lange nicht mehr gefeiert. Heute gibt es einen Gottesdienst unter freiem Himmel auf dem Kapellenberg und die Kollekte erhält eine Wurmlinger Schwester, die damit obdachlose Kinder in Santiago de Chile unterstützt.

Der heilige Remigius

Während des Dreißigjährigen Krieges, am 17. März 1644, fiel diese romanische Kapelle einem Brand zum Opfer. Ein Wachsoldat, der ein Feuer gemacht hatte, um sich daran zu wärmen, war eingeschlafen. Das Feuer geriet außer Kontrolle und die Kapelle brannte fast vollständig ab. Durch die große Hitze schmolz sogar die Glocke im Turm und musste später neu gegossen werden. Jahrelang fehlte das Geld, um die Kapelle wieder herzurichten, sie wurde immer nur notdürftig repariert. Erst 1681 ging es der Gemeinde wieder besser und es entstand die Kapelle in ihrer heutigen Form. Am 1. Oktober desselben Jahres konnte hier vor den drei neuen Altären die erste Messe gefeiert werden.

Die Altäre sind das Werk zweier Brüder aus der Schweiz, von denen der eine Bildhauer, der andere Kunstschreiner war. Der Hochaltar wird von einem Marienaltar und einem, der dem heiligen Sebastian, dem Patron der Pestkranken, geweiht ist, flankiert. Auf dem Marienaltar ist der Bauplan des Klosters Kreuzlingen zu sehen: Die Kapelle wurde von Kreuzlinger Augustinerchorherren betreut. Der Hochaltar schildert Begebenheiten aus dem Leben des heiligen Remigius, der um 500 in Frankreich lebte. Er war der Bischof von Reims und schon seine Geburt geschah unter wundersamen Vorzeichen: Ein blinder Einsiedler betete angesichts der Verheerungen, die die Vandalen in Gallien angerichtet hatten, um Frieden. Daraufhin erschien ihm ein Engel, der versprach, dass eine Frau, die dafür eigentlich schon zu alt sei, ein Kind gebären würde, welches Frankreich aus der Gewalt seiner Feinde erlösen werde. Damit der Eremit erkennen konnte, dass es sich bei dem kleinen Remigius tatsächlich um den geweissagten Wundertäter handelte, wusch Remigius' Mutter die Augen des blinden Einsiedlers mit ihrer Milch und er konnte sofort wieder sehen.

Diese ganzen fantastischen Begebenheiten führten dazu, dass Remigius nicht nur als Apostel der Franken gilt, sondern auch der Schutzpatron der werdenden Mütter und der Blinden ist. Außerdem beschützt er kranke Kinder und vom Teufel Besessene. Auf dem Wurmlinger Hochaltar sieht man deshalb eine junge Frau, die gerade entbunden hat. Darüber steht Remigius und segnet einen vor ihm knienden Mann, hinter diesem drängen sich ein paar halbnackte Gestalten, die sich Heilung von dem wundertätigen Bischof erhoffen. Bei einem scheint es zu funktionieren: Zwei garstige kleine schwarze Teufel fliegen gerade aus seinem Mund heraus.

Den Altar hatte ein Weihbischof von Konstanz gestiftet. Dafür wurde er natürlich in dem Altarbild verewigt: Das Gesicht des heiligen Remigius ist ein Portrait des Bischofs.

Die Kreuzlinger Augustinerchorherren kümmerten sich nicht nur um die seelsorgliche Betreuung der Wurmlinger Bevölkerung, sondern bauten nach der geglückten Renovierung die Bergkapelle zu einer Wallfahrtsstätte aus. Sie richteten einen Kreuzweg ein und hielten besonders beeindruckende Fastenpredigten. Eine Zeit lang wurde der Wallfahrtsort sehr gut angenommen, am Josefstag 1688 waren nach einem Bericht des Wallfahrtsseelsorgers mehr als 1000 Personen auf dem Kapellenberg. Das gefiel den Jesuiten, die die Wallfahrtskirche im Weggental betreuten, natürlich überhaupt nicht, weil ihnen dadurch erhebliche Einkünfte verloren gingen. Aber bald führte die Bequemlichkeit der Menschen wieder dazu, dass sie lieber ins Weggental wallfahrteten als auf den steilen Kapellenberg.

Altarbild

Die Wurmlinger Kapelle war darüber hinaus auch immer eine Pfarrkirche. Im Dorf soll es zwar schon früh eine Kapelle gegeben haben und im 15. Jahrhundert durfte auch der Pfarrer der Bergkapelle im Dorf wohnen, aber zumindest im Sommer fanden die Gottesdienste in luftiger Höhe statt. Erst als 1820 die St. Briccius-Kirche gebaut wurde, gab es nur noch wenige Gelegenheiten, um sich zur Kapelle auf den Berg zu machen. Heute ist diese vor allem ein beliebter Hochzeitsort. Und wer die wunderschöne Stimmung dieses Ortes auf besondere Weise erfahren möchte, sollte eine der Kapellenserenaden besuchen, die im Sommer den Kapellenraum mit Musik erfüllen.

„Küsset den Herrgott!"

Mindestens ebenso sehenswert wie das Innere der Kapelle ist die romanische Krypta, das einzige, was nach dem Brand von der Vorgängerkapelle noch übrig geblieben ist. Vermutlich wurde der Raum direkt aus dem Stubensandstein herausgehauen. Die wuchtigen Säulen in der Krypta sind sogenannte Würfelknaufkapitelle der Hirsauer Schule. Die Basilika in der Klosteranlage St. Peter und Paul in Hirsau in der Nähe von Calw zählt zu den größten romanischen Kirchen des 11. Jahrhunderts in Deutschland und die baustilistischen Elemente der Hirsauer Klosterbauten wurden häufig ein Vorbild für andere Sakralbauten in der Region. Die anderen Pfeiler wurden erst viel später eingesetzt: 1911 musste man nach einem schweren Erdbeben die ganzen Grundmauern neu aufführen, dabei baute man auch die Pfeiler und die Fenster ein, sodass die Krypta heute relativ hell ist. Bis ins 17. Jahrhundert nutzte man die Krypta als Gebeinkeller für den zu klein gewordenen Friedhof. Nach dem Wiederaufbau der Kapelle richtete man hier ein heiliges Grab ein, um den Wallfahrern eine besondere Attraktion bieten zu können. Auch als die Wallfahrt schon längst erloschen war, erfreute sich das heilige Grab immer noch großer Beliebtheit, sodass die Krypta 1962 renoviert wurde und dabei ihr heutiges Aussehen erhielt. Jetzt kamen aber keine katholischen Wallfahrer auf den Kapellenberg, sondern es pilgerten zunehmend Protestanten am Karfreitag zum heiligen Grab in der Wurmlinger Kapelle. Die damalige Bergmesnerin richtete die Krypta dann immer besonders schön her und unterzog schon wegen der langen Winterpause vorher auch die Skulptur des verstorbenen Heilands einer gründlichen Reinigung. Wenn dann die Gläubigen voller Ehrfurcht um den liegenden Christus herumstanden, soll sie sie in bestem Schwäbisch ermuntert haben: „Küsset den Herrn no, s'isch frisch g'soapfelt (eingeseift)!"

Zu einer Pfarrkirche gehört auch ein Friedhof und noch heute werden einige Wurmlinger Bürgerinnen und Bürger rund um die Kapelle bestattet. An der Wand gegenüber der Ostseite der Kapelle hängen ein paar alte Grabsteine mit teilweise äußerst skurrilen Inschriften: „Im Leben so rot wie Zinnober, im Tode wie Wachs so bleich. Sie starb am 10. Oktober, am 12. war ihre Leich."

Weit weniger humorvoll, sondern ausgesprochen nachdenklich stimmt eine Gedenktafel, die im hinteren Teil der Kapelle angebracht wurde. Sie erinnert an ein Ereignis im fernen Russland im Jahre 1812: Fast alle jungen Männer im Dorf hatten sich Napoleons Russlandfeldzug angeschlossen und waren im Winter an den Ufern der Beresina zu Tode gekommen: Selbst für ein kleines schwäbisches Dorf wie Wurmlingen hatte die napoleonische Expansionspolitik schlimme Folgen.

Alles schlummert, alles schweigt,
Mancher Hügel ist versunken,
Und die Kreuze stehn geneigt
Auf den Gräbern – schlafestrunken
Und der Baum im Abendwind
Läßt sein Laub zu Boden wallen,
Wie ein schlafergriffnes Kind
Läßt sein buntes Spielzeug fallen.
Hier ist all mein Erdenleid
Wie ein trüber Duft zerflossen;
Süße Todesmüdigkeit
Hält die Seele hier umschlossen.

Nikolaus Lenau:
Die Wurmlinger Kapelle

Der besondere Tipp

Es muss nicht immer Spanien sein. Von Tübingen können Sie über Wurmlingen nach Rottenburg etwa 12 km auf dem Jakobsweg wandern. Ultreia!

Aus der Provence ins Schwabenland

St. Ägidius in Hirschau

Dass ein Ort mit dem Namen Hirschau seine Kirche dem heiligen Ägidius weiht und sich so unter dessen besonderen Schutz stellt, ist Programm: Der heilige Ägidius war ein reicher Athener, der Mitte des 7. Jahrhunderts lebte und sich nach einem weltabgeschiedenen, kontemplativen Leben im Angesicht Gottes sehnte. Er verteilte sein Hab und Gut unter den Armen, bewirkte das eine oder andere Wunder – und wurde berühmt. Sehr zu seinem Verdruss, denn von Stille und Einsamkeit konnte nun keine Rede mehr sein. Also bestieg er ein Schiff und ließ sich vom Wind dahin treiben, wo Gott ihn haben wollte. Seine ersehnte Ruhe fand er schließlich in der Provence. Dort lebte er als Einsiedler, den kein Mensch je zu Gesicht bekam. Seine einzige Nahrung war die Milch einer zahmen Hirschkuh. Diese spürte eines Tages ein Jäger auf und verfolgte sie mit Pfeil und Bogen. Die Hirschkuh flüchtete sich zu ihrem Eremiten, der sie rettete, indem er mit bloßen Händen den auf sie abgeschossenen Pfeil auffing. Der Jäger war allerdings niemand Geringeres als der König der Westgoten. Er war von Ägidius so beeindruckt, dass er ihm ein Stück Land schenkte, um darauf ein Kloster zu gründen.

Das Kloster des heiligen Ägidius in Frankreich

Nach seinem Tod wurde das Kloster St. Gilles schnell zu einer viel besuchten Wallfahrtsstätte. Die geografische Lage des Klosters war im Mittelalter übrigens einzigartig, ein schiffbarer Nebenarm der Rhône erlaubte die Anlage eines Übersee-Hafens und der Ort entwickelte sich zu einem Schnittpunkt zahlreicher Handelsstraßen und Pilgerwege: Wer als Kriegs-, Handels- oder Pilgersmann von Norden nach Süden zog, nach Santiago de Compostela, Rom oder Jerusalem, musste St. Gilles entweder als Etappe oder als Hafen benutzen. St. Gilles wurde innerhalb kürzester Zeit eine reiche und mächtige Stadt, 1178 waren hier offiziell

Chor

134 Banken registriert, mehr als heute in Frankfurt am Main. Während der Religionskriege im 15. und 16. Jahrhundert wurde St. Gilles dann fast vollständig zerstört. Von den vielen Kirchen, Palästen, dem riesigen Kloster und der gesamten Stadt blieb kaum etwas übrig. Nach wie vor ist St. Gilles aber eine wichtige Etappe auf dem Pilgerweg nach Santiago de Compostela.

Auch Hirschau liegt am Jakobsweg und in der Kirche befindet sich deshalb eine Jakobusstatue aus dem 19. Jahrhundert. St. Ägidius selbst ist im Chorraum zu finden, er trägt ein Mönchsgewand und hält einen

Pfeil in der Hand, der an die Legende von der Hirschkuh erinnert. Die sehr schöne Holzskulptur mit den schmalen und ausgesprochen expressiven Gesichtszügen stammt wie die anderen Heiligenfiguren im Chorraum aus dem Mittelalter. Die Heiligen Petrus, Barbara und Margarethe, die an ihren Symbolen, dem Schlüssel, dem Drachen, dem Turm und dem Kelch gut zu erkennen sind, gehören zu dem im Mittelalter beliebten Zyklus der 14 Nothelfer, die in allen Bedrängnissen des Alltags angerufen werden konnten. Es handelt sich um die Reste der alten Kirchenausstattung, zu denen auch das Muttergottesbild und die Kreuzigungsgruppe gehören.

Von der Wehrkirche zum lebendigen Gotteshaus

Der älteste Teil der Kirche ist der Turm, der vermutlich noch aus dem 15. Jahrhundert stammt. In Kriegszeiten diente dieser mittelalterliche Wehrturm den Hirschauern als Bergfried: Das Kirchengebäude erfüllte damals, wie vielerorts auch, neben den seelsorglichen noch verschiedene andere, weltliche Funktionen. Bis zum 15. Jahrhundert war Hirschau keine eigenständige Pfarrei. Die Einwohner gehörten zur Pfarrei Wurmlingen oder Sülchen in der Nähe von Rottenburg. Seit 1359 gab es in Hirschau allerdings eine kleine Kapelle, die bereits dem heiligen Ägidius geweiht war. Sie wurde von einem Kaplan, einem Hilfsgeistlichen, betreut. Um Sakramente wie Beichte, Taufe oder Abendmahl empfangen zu können, muss-

St. Ägidius

ten sich die Hirschauer jedoch Richtung Rottenburg aufmachen. Erst 1461 wurde die Kapelle zur eigenen Pfarrei erhoben. Die Erhebung der Kapelle zur Pfarrkirche veränderte die Dorfgemeinschaft. Man traf sich jetzt jeden Sonntag in der Kirche und entwickelte eine eigene Identität. Bezeichnend dafür ist die Anlage eines Friedhofs, der erst 1852 aus dem Ortsinnern an die Wallfahrtskapelle „Unserer Lieben Frau beim Holderbusch und St. Urban" verlegt wurde. Grund für die Friedhofsverlegung war ein Umbau der Kirche, die für die Gemeinde zu klein geworden war. Eigentlich handelte es sich bei dieser Renovierung schon um einen Neubau, bei dem nur der Turm erhalten blieb.

Immer wieder fanden an der neugotischen Kirche Renovierungen statt. Ursprünglich gab es zwei Seitenemporen und die Decke im Kirchenschiff war wesentlich höher. Die Seitenemporen wurden schon zu Beginn des 20. Jahrhunderts abgerissen, die Decke wurde in den 50er Jahren tiefer gehängt, wodurch der Fensterabschluss leider nicht mehr besonders harmonisch ist. Altäre, Seitenaltäre und Wandbemalungen sind dieser Renovierung ebenfalls zum Opfer gefallen, ein typisches Phänomen im Umgang mit neugotischen Kirchenbauten: Das, was Mitte des 19. Jahrhunderts als der ideale Kirchenbaustil angesehen wurde, galt plötzlich als Imitation und Kitsch. Man bevorzugte jetzt schlichte weiße Wände und stand allzu üppigen Ausstattungen kritisch gegenüber. Allerdings verfügte die Diözese Rottenburg in dieser Zeit mit Wilhelm Geyer auch über einen sehr begabten Vitralisten, der zahlreiche Kirchenfenster fertigte. Die Fenster im Chorraum von St. Ägidius sind ebenfalls von ihm und gehören zu seinen gelungensten Kunstwerken: In wunderschönen Blautönen, einer klaren Formensprache sowie einem ausgewogenen Miteinander ruhiger und lebhafter Elemente schildern sie unter anderem die Legende vom heiligen Ägidius.

In den 60er-Jahren, nach dem 2. Vatikanischen Konzil, brauchte man auch einen neuen Altar: Um die Messe der Gemeinde zugewandt feiern zu können, musste der Pfarrer sich hinter den Altar stellen können. Daraufhin wurde ein beeindruckender steinerner Tischaltar mit einem abstrakten Altarkreuz im Chorraum aufgestellt. Dieser große Altar stand nicht ganz so weit hinten wie es heute der Fall ist, trotzdem brauchte der Pfarrer fast ein Fernrohr, um seine Gemeindemitglieder sehen zu können. Dass diese Lösung nicht von Anfang an als unbefriedigend angesehen wurde, lag vermutlich daran, dass Hirschau eine relativ konservative Gemeinde mit einem ebensolchen Pfarrer war: Die Messe wurde hier länger als irgendwo sonst mit dem Rücken zur Gemeinde zelebriert und St. Ägidius soll eine der letzten Gemeinden gewesen sein, in der Mädchen als Ministrantinnen angenommen wurden.

Bei der letzten Renovierung 2002 entschied man sich, Chorraum und Kirchenschiff enger miteinander zu verbinden und einen neuen Altar aufzustellen. Der alte Altar sollte aber nicht entfernt werden. Der jetzige Altar ist von Rainer Maria Otte. Er hat eine spiegelnde Metallplatte und seine Maße nehmen die des alten Altares teilweise wieder auf. Der Fußboden wurde passend dazu verlegt, sodass ein völlig neuer Stil hinsichtlich Farbe und Material entstand. Der Altar korrespondiert in seiner Linienführung harmonisch mit dem Chorraum und mit der gegenüberliegenden Wand, mit der Empore und dem Orgelprospekt und verbindet damit neue und alte Elemente zu einer gut ausbalancierten Gesamtheit.

Ungewöhnlich ist die Metallplatte des neuen Altartisches, die in der Diözese für heftige Diskussionen sorgte: Die Grundidee eines Altares ist die eines Opfertisches und der muss aus liturgischen Gründen immer aus einem einzigen großen Stein sein. Weil gleich zwei solcher Steinaltäre in einem Chorraum diesen vermutlich beinahe erdrückt hätten und man auf den alten Altar schon aus emotionalen Gründen nicht verzichten wollte, entschied man sich schließlich für die unkonventionelle Metallvariante. Gerade weil in St. Ägidius keine großartigen, unbedingt erhaltenswerten Kunstschätze vorhanden sind, hatte es die Gemeinde immer relativ leicht, sich von dem zu trennen, was ihr als überkommen und nicht mehr zeitgemäß erschien und dafür Neues zu schaffen, das ihren Ansprüchen an ein lebendiges Gotteshaus eher entsprach.

Mittlerweile ist Hirschau schon lange kein katholischer Ort mehr. Nur noch die knappe Hälfte der Bevölkerung ist katholisch. Viele Einwohner Hirschaus orientieren sich außerdem eher nach Tübingen, weil ihre Kinder dort zur Schule gehen und deshalb auch in das Tübinger Kultur- und Vereinsleben eingebunden sind. Weil die Gemeinde so klein geworden ist, hat man bei der letzten Renovierung einige Kirchenbänke herausgenommen, damit die wenigen Gottesdienstbesucher nicht so verloren wirken. Seit 1991 hat Hirschau keinen eigenen Pfarrer mehr, im Pfarrhaus wohnt der Pastoralreferent mit seiner Familie, der der Ansprechpartner für die Hirschauer Gemeinde ist. Diese Verkleinerung der Gemeinde mag man bedauern. In ihr liegt aber auch eine wirklich große Chance für eine im Alltag gelebte und selbstverständliche Ökumene. Ob Frauenfrühstück oder Kirchenchor, Nachbarschaftshilfe oder Seniorenkreis – die Zusammenarbeit zwischen der katholischen St.-Ägidius-Gemeinde und der evangelischen Christusgemeinde funktioniert auf vielen Ebenen.

Der besondere Tipp

Von Hirschau aus können Sie zur Wurmlinger Kapelle wandern, von dort nach Rottenburg und ins Weggental zu der sehr schönen Wallfahrtskiche. Ein Großteil der Wanderung verläuft auf dem Jakobsweg, Sie brauchen bloß dem blau-gelben Muschelzeichen zu folgen. Krönender Abschluss eines solchen Ausflugs ist ein Besuch im Café „Prinz Karl" gegenüber des Rottenburger Bahnhofs. Die Kuchenstücke dort haben das für hungrige Pilger angemessene Format!

Blick auf Hirschau

Weihekreuze und Emporenbilder

St. Nikomedes in Weilheim

Am Vorabend der Reformation werden in Württemberg viele Kirchen neu gebaut oder zumindest vergrößert. In dem kleinen Ort in der Nähe von Tübingen entsteht in dreißig Jahren ein wunderschönes Gotteshaus, das dem heiligen Nikomedes geweiht wird, einem Schüler des Petrus, der im ersten Jahrhundert als Priester in Rom lebte und den Märtyrertod erlitt, indem er mit einer Stachelkeule erschlagen wurde. 1499 wird mit dem Bau des Chores begonnen, das Schiff wird 1514, der Turm

St. Johannes Evangelist

1521 fertig gestellt. Mit der Inneneinrichtung war man noch später fertig: 1530 vermerkt das Mittelbild mit Christus als Weltenrichter auf der Holzkassettendecke, das von dem Kunsthistoriker Georg Dehio in seinem berühmten „Handbuch deutscher Kunstdenkmäler" als besonders bemerkenswert erwähnt wird. Das war nur wenige Jahre vor Einführung der Reformation. Es lässt sich lange darüber nachdenken, warum gerade in Zeiten religiöser Aufbruchstimmung so viel für den Kirchenbau getan wird. Wollte man den aufmüpfigen Protestanten beweisen, wie mächtig die Amtskirche war? Oder sind solche Umbruchzeiten besonders dazu geeignet, sich intensiv mit Glaubensfragen auseinander zu setzen? War der „neue Glaube", den der Augustinereremit Martin Luther propagierte, nur eine unter vielen Möglichkeiten eines neuen Verhältnisses der Gläubigen zu Gott? Wie auch immer: Man baute in religiös unsicheren Zeiten und hoffte auf Kontinuität: Die hinter dem Chorgestühl angebrachten Weihekreuze lassen zumindest darauf schließen. Auf jedem der zwölf Medaillons, die in der Zahl der der zwölf Apostel entsprechen, ist eine Hand zu sehen, die das Kreuz hält. Es ist niemand anders als Gott selbst, der seine Kirche in seiner Hand hält und sie unter seinen Schutz nimmt, was auch immer die Menschen mit ihr vorhaben könnten. Die Weihekreuze waren übrigens lange Zeit übermalt und sind erst im Rahmen einer Renovierung in den 1980er-Jahren wieder restauriert worden.

Bauherr der Weilheimer Kirche, die den Kirchen in Unterjesingen und Remmingsheim so ähnlich ist, dass die Vermutung nahe liegt, man hätte jedesmal denselben Bauplan benutzt, war vermutlich die Spitalstiftung in Tübingen: In der Kirche findet sich das Spitalszeichen, eine Hand, die einen Laib Brot umschließt, das auch am Tübinger Spital, dem heutigen Bürgerheim, angebracht ist.

Betrachtet man den Chor mit seinem überaus reichen Netzrippengewölbe und den nicht weniger als sieben Schlusssteinen, von denen einer an den Kindermord in Bethlehem erinnern soll, fallen die Steinmetzzeichen über dem Chorfenster auf. Sie sind dem von Hans Augstaindreyer so ähnlich, dass man annehmen kann, der Baumeister der Tübinger Stiftskirche war maßgeblich an dem Bauvorhaben beteiligt und hat die Ausführung dann an seine Mitarbeiter delegiert.

Nach dem Dreißigjährigen Krieg wuchs die Bevölkerung und man musste viel mehr Menschen in der Kirche unterbringen als im 16. Jahr-

hundert. Das Problem löste man, indem Emporen in der Kirche eingebaut wurden, die schnell neuen Gemeindebedürfnissen angepasst werden
konnten. Heute hat man von der Empore einen wunderschönen Blick in
den Kirchenraum.

Rührende Emporenbilder

Im 18. Jahrhundert wurden die Emporen von dem Tübinger Stadtmaler
und Postboten Gottfried Schreiber bemalt. Solche Emporenbilder waren bis ins 19. Jahrhundert ein Hauptcharakteristikum protestantischer
Kirchenausstattung, ähnlich wie Epitaphe. Die leer geräumten, weiß getünchten Kirchenräume aus der Zeit des Bildersturms passten immer weniger zu dem Wunsch aufstrebender Bürger und wohlhabender Bauern
nach einem repräsentativen Lebensstil. Natürlich zeigen solche Emporenbilder niemals Heilige, sondern Protagonisten und Begebenheiten aus
dem Alten und dem Neuen Testament oder allegorische Figuren, wie
sie in der Kirche in Entringen zu sehen sind. Emporenbilder finden sich
auch in der Bergkirche in Talheim. Der Bevölkerung brachten sie die In-
halte der Bibel in Bildform nahe, um den mündlichen Ausführungen des
Pfarrers gleichsam bildlich Nachdruck zu verleihen. Gottfried Schreiber
wählte als Motive Jesus und Maria, die vier Evangelisten und den Apostel
Paulus. Seine Bilder sind eher rührend als wirkliche Kunstwerke und für
den heutigen Betrachter von einer unfreiwilligen Komik. Vor allem die
„Wappentiere" der vier Evangelisten reizen zum Lachen: Natürlich hatte
Gottfried Schreiber in seinem ganzen Leben noch nie einen echten Lö-
wen gesehen und malte deshalb ein Fabelwesen, das wahrscheinlich von
Vorlagen inspiriert war, die nicht gerade eine fotografische Ähnlichkeit
mit einer solchen Großkatze aufwiesen. Auch einen Adler kannte der
Tübinger Stadtmaler höchstens aus der Luft, weswegen das Wappentier
des Johannes mehr an die vertraute Gans erinnert als an den König der
Lüfte. Dass der Engel, der Matthäus begleitet, aussieht wie ein Gespenst,
liegt hingegen vermutlich nicht daran, dass Schreiber einem leibhaftigen
Engel nie begegnet ist…

Das Bildnis des Apostel Paulus war eine Mischung aus Zufall und
Notlösung. Der damalige Pfarrer, Christoph Grüninger, warb bei seinen
Gemeindemitgliedern darum, die Bilder zu bezahlen. Natürlich durf-

ten sie dann auch ihren Namen unter das jeweils gestiftete Bild setzen lassen. Solche Spenderlisten waren ein wichtiges „Who's who" der jeweiligen Dorfgemeinschaft und die Weilheimer Bürgerinnen und Bürger präsentieren sich besonders selbstbewusst. Eigentlich war vorgesehen, dass der Pfarrer selbst das Christusbild stiften sollte, seine Frau war passenderweise für das Bild der Maria verantwortlich. Dann meldete sich aber eine Frau von Stockheim, die nur das Christusbild und kein anderes stiften wollte und um die finanziell potente Sponsorin nicht zu verärgern, musste sich der Pfarrer mit einem Paulusbildnis zufrieden geben.

Kanzel und Chor

Ein besonderer Sitzplatz war die Empore im Chor, die man im 18. Jahrhundert speziell für die jungen, unverheirateten Männer eingerichtet hatte. Sie hatte einen eigenen Eingang, so konnte man sicher stellen, dass sie beim Betreten der Kirche die Mädchen in Ruhe ließen. Außerdem saßen die Jünglinge sozusagen direkt unter den Argusaugen des Pfarrers. Zu der Empore führte übrigens eine abenteuerlich steile Treppe, die für all diejenigen zur echten Herausforderung wurde, denen vom Samstagabendtanz noch der Restalkohol in den Knochen steckte.

Gelebter Glauben

Gemeindeleben bedeutet in einer Dorfkirche nicht nur gesellschaftliche Repräsentation und die gute Gelegenheit, während des Gottesdienstes in Ruhe die Mädchen im heiratsfähigen Alter begutachten zu können, sondern auch, seine Sorgen und seine Trauer mit den anderen Gemeindemitgliedern teilen zu können. Manchmal reicht die Gegenwart Gottes nicht aus, da braucht man auch die Anteilnahme und das Mitgefühl

Sakramentsnische

der Menschen, mit denen man zusammenlebt. 1721 starb der Sohn des Pfarrers Christoph Grüninger. Der kleine Gottfried Wendelin hatte nur vier Tage gelebt und seine Eltern ließen zu seiner Erinnerung ein großes Epitaph mit lateinischer Inschrift in der Kirche aufstellen. Der Gedenkstein für das tote Kind entspricht so gar nicht schwäbisch-sparsamen Gepflogenheiten: Jeder schien sehen zu sollen, wie traurig und verzweifelt die Eltern des kleinen Jungen waren.

Ein besonders anrührendes Beispiel für die gelebte Glaubenskultur in der Gemeinde ist eine kleine Lourdesmadonna, die in der Sakramentsnische des Chores steht. Eine katholische Frau, die regelmäßig zum Beten in die Kirche gekommen war, hatte die kleine Skulptur eines Abends auf dem Altar stehen gelassen. Sie einfach wegzuräumen erschien ebenso unpassend, wie sie auf dem Altar einer evangelischen Kirche stehen zu lassen. Deshalb hat man die Madonna an dem „katholischsten" Platz des Gotteshauses, der vorreformatorischen Sakramentsnische, aufgestellt, um der Frau auf diese Weise ein wenig kirchliches Zuhause zu bieten. Es ist ein gutes und richtungweisendes Zeichen für die Ökumene, wenn in einer Kirche so selbstverständlich wie in Weilheim konfessionelle Grenzen überwunden werden können. Und es sind diese Kleinigkeiten und Selbstverständlichkeiten, die zeigen, dass die Kirche im Dorf weit mehr ist als ein architektonisch oder kunsthistorisch interessantes Objekt, sondern auch heute noch der Ort sein kann, von dem man sagt, dass Christus mitten unter denen ist, die sich in seinem Namen versammelt haben.

In den 1980er-Jahren wurde die Kirche gründlich und aufwändig renoviert. Der Gemeinde ging es zu dieser Zeit sehr gut und die Identifikation der Bürgerinnen und Bürger mit ihrer Dorfkirche muss groß gewesen sein: Immerhin schaffte man es, eine neue Orgel ausschließlich über Spenden zu finanzieren. Seitdem verbinden sich das spätgotische Chorgewölbe, die barocken Emporenbilder und die Ornamentmalerei aus dem 19. Jahrhundert mit der neuen Chororgel zu einem harmonischen Ganzen, dem anzusehen ist, dass Glaube und Gemeinde eine lange Geschichte haben.

Der Platz vor der Kirche ist nach dem Pfarrer Paul Schneider benannt. Er gehört neben Dietrich Bonhoeffer zu den wichtigsten protes-

St. Nikomedes

tantischen Theologen des 20. Jahrhunderts, die sich mit Hitlers Diktatur nicht abfinden wollten und ihre aufrechte Haltung mit ihrem Leben bezahlen mussten. Paul Schneider stammte aus dem Hunsrück und studierte in Gießen. 1920 verbrachte er ein „Auslandssemester" in Tübingen und wohnte bei der Pfarrfamilie Dieterich in Weilheim. Schneider verliebte sich in deren Tochter Margarete und die beiden heirateten am 12. August 1926 in der Nikomedeskirche. Anschließend trat Schneider seine erste Pfarrstelle in Hochelheim bei Wetzlar an. 1934 schloss er sich der Bekennenden Kirche an und geriet immer wieder in heftige Konflikte mit dem NS-Regime. Es war für ihn selbstverständlich, dass ihm seine Gemeinde von Gott anvertraut worden war und dass keine weltliche Macht das Recht hätte, sich zwischen ihn und seine Gemeinde zu stellen: „Man muss Gott mehr gehorchen als den Menschen." Nach immer heftigeren Zusammenstößen mit den örtlichen Parteigrößen wurde er in Schutzhaft genommen, erhielt Aufenthaltsverbot in seiner Gemeinde und wurde 1937 schließlich in das Konzentrationslager Buchenwald gebracht. Als er sich an Hitler Geburtstag weigert, vor der Hakenkreuzfahne seine Mütze abzunehmen, wird er in verschärfte Einzelhaft genommen. Von seinem Zellenfenster aus ruft er seinen Mithäftlingen immer wieder Worte der Aufmunterung und des Trostes zu und lässt sich auch durch Schläge, Essens- und Schlafentzug nicht davon abbringen. Als er am 18. Juli 1938 vom Lagerarzt mit einer Überdosis Stropantin umgebracht wird, gilt er längst als der „Prediger von Buchenwald".

Papst Johannes Paul II. würdigte im Rahmen des Märtyrergedenkens am 7. Mai 2000 im Kolosseum zu Rom Paul Schneider namentlich als einen deutschen Märtyrer, der selbst in der Zelle des Konzentrationslagers den Menschen zugerufen hätte: „So spricht der Herr: Ich bin die Auferstehung und das Leben."

Der besondere Tipp

Am Dorfausgang, in der Nähe des Schützenhauses, findet sich ein bezaubernder Spielplatz auf einer Wiese unter Apfelbäumen. Schön zum Spielen, zum Picknicken, zum Lesen und Träumen, ein echter Lieblingsplatz!

Rokoko und Pferdestall

Die Ammerhofkapelle St. Andreas

*I*m Frühling, wenn sich die Streuobstwiesen im Ammertal in ein grünes Meer mit duftig weißen Schaumkronen verwandeln, lohnt sich ein Ausflug zum Hofgut Ammern besonders. Dabei spielt es keine Rolle, ob man von Tübingen, Herrenberg oder Rottenburg aus startet. Man durchfährt immer eine idyllische, von Obst- und Weinbau geprägte Landschaft mit einzigartigen terrassierten Weinbergen und weiten Wiesenflächen.

Zwischen dem westlichen Stadtrand der Universitätsstadt Tübingen und Unterjesingen liegt an einem nördlichen Hang des Spitzbergs der Ammerhof, ein landwirtschaftlicher Gutshof, der heute eine Pferdeklinik und eine Pferdepension beherbergt. Der Name des Hofes wie des ganzen Tales leitet sich von dem Flüsschen Ammer ab, das in der Nähe von Herrenberg entspringt und in Tübingen in den Neckar mündet. Es ist nicht sicher, ob das Wort Ammer etwas mit dem lateinischen Wort für Bernstein, „ambra", zu tun hat und der Fluss und der Hof, die „villa ambra", an einer Bernsteinroute lagen, zu der auch der bayerische Ammersee gehörte, aber es ist eine schöne Vorstellung, dass es so sein könnte, dass sogar Händler von der fernen Ostsee und dem Baltikum hier entlanggekommen sind.

Idyllischer Ammerhof

Inmitten der Pferdekoppeln erblickt man schon von weitem das anmutige Rokokotürmchen der Ammerhofkapelle. In dieser Gegend ist solch barocke Verspieltheit ungewöhnlich und ein deutliches Zeichen für die konfessionelle Andersartigkeit dieser kleinen Siedlung mitten im protestantischen Alt-Württemberg. Sie zeigt auf besondere Weise die territoriale Zersplitterung der Region. Bis zu Beginn des 19. Jahrhunderts war das Land ein bunter Flickenteppich aus württembergischen und vorderösterreichischen Gebieten, freien Reichsstädten, Reichsritterschaften und Klosterbesitz.

Ein Hofgut für Obermarchtal

Ursprünglich war der Ammerhof ein Weiler, eine kleine Ansammlung von Gebäuden, noch kein Dorf, aber auch kein einzelner Hof. Der Weiler bestand schon im Mittelalter, auch eine kleine Kapelle war damals schon vorhanden. Seine Geschichte ist eng verknüpft mit den Pfalzgrafen von Tübingen und dem Kloster Obermarchtal.

Den Grundstein für die Geschichte des Klosters Obermarchtal in der Nähe von Biberach, einer geschlossenen, komplett erhaltenen barocken Klosteranlage, die zu den schönsten in Süddeutschland zählt, legten Benediktinermönche bereits im 8. Jahrhundert. 1171 stifteten der Pfalzgraf

Hugo II. von Tübingen und seine Frau, Elisabeth von Bregenz, in Obermarchtal ein Prämonstratenser-Chorherrenstift und statteten es mit Gütern aus. Zu denen gehörte auch das Gut mit dem Hof Ammern und der dort gelegenen Kapelle. Die Weinlagen im Ammertal machten den Ort ausgesprochen attraktiv. Das Kloster hat den Weiler dann regelrecht verdrängt, sodass die Domäne Ammern heute kein Dorf mehr ist, sondern nur noch ein einzelnes Hofgut.

Um 1500 wurde der Ammerhof in drei Maierhöfe aufgeteilt, die einem Verwalter, Pfleger oder Maier genannt, unterstellt waren. Der Ammerhof lebte von der Landwirtschaft, dem Handel und ab 1708 wurde sogar eine Gastwirtschaft betrieben. Ein Chorherr aus Obermarchtal lebte ständig auf einem der Höfe. Er betreute die Menschen, die die Domäne bewirtschafteten, aber auch Durchreisende, vor allem fahrendes Volk und herumziehende Soldaten. Davon gab es mehr als genug: Kesselflicker und Scherenschleifer, Korbmacher und Kurzwarenhausierer zogen, oft mit der ganzen Familie, auf der Suche nach Lohn und Brot durch die Gegend. Außerdem war der Ammerhof mit seiner Kapelle Anlaufstelle für die wenigen Katholiken, die im württembergischen und damit protestantischen Tübingen lebten.

Über sechs Jahrhunderte gehörte der Ammerhof zum Kloster Obermarchtal. 1802 fällt Obermarchtal und damit auch das Hofgut Ammern im Zuge der Säkularisierung an die Fürsten von Thurn und Taxis, ab 1806 gehört es zu Württemberg. Die Pfarrei Ammern wird 1807 aufgehoben, nachdem ein Jahr zuvor in Tübingen wieder eine katholische Stadtpfarrei gegründet worden war. Die gesamte Ausstattung, die Gewänder und Gerätschaften, wurde neu entstandenen katholischen Gemeinden in Tübingen und Esslingen geschenkt. Die Ammerhofkapelle wurde von nun an als Heuschober benutzt. Noch heute kann man in der Kapellenwand gut die Löcher für die Balkenlage sehen, die für den Zwischenboden eingezogen wurde. Erst 1985 wurde sie umfassend und behutsam restauriert. Dabei wurde großen Wert auf den Erhalt der spätbarocken Ausstattung gelegt, ohne jedoch eine pseudo-originale Rekonstruktion zu versuchen. Vor allem die Reste der Langhausbemalung hat man lediglich konserviert. Hier fällt auf der Südseite ein witziges Detail auf: Über einem der Weihekreuze finden sich handschriftliche Bemerkungen, die nicht mehr zu entziffern sind. Wahrscheinlich handelt es sich bei der geheimnisvollen Botschaft aus früheren Jahrhunderten um einen Hinweis, den der Polier für seine Mitarbeiter an die Wand gekritzelt hat.

Eine Kapelle für die Prämonstratenser

Eine Kapelle gab es auf dem Ammerhof natürlich bereits im Mittelalter. Das Gebäude wurde während des Dreißigjährigen Krieges stark beschädigt, deshalb wurde 1733 ein Neubau errichtet, der 1765 vergrößert wurde. Verschiedene Weihekreuze aus der Renaissance und dem Barock verraten dem heutigen Besucher, dass der ursprüngliche Bau mehrmals erweitert und weiter verwendet wurde. Bauherr war natürlich die Reichsabtei Obermarchtal und wie es im Zeitalter der Gegenreformation üblich war wurde die Kapelle so schön ausgestattet, dass sie noch heute als ein herausragendes Beispiel für das Obermarchtaler Rokoko gilt.

Mit Tiberius Moosbrugger als Baumeister überließ der Abt von Obermarchtal den Kapellenumbau keinem Unbekannten. Moosbrugger gehört zu den Vorarlberger Barockbaumeistern, die im 17. und 18. Jahrhundert neue Maßstäbe im Kirchenbau setzten. Typisch für den Baustil der Vorarlberger Meister sind neben den ausgewogenen Proportionen der halbrunde Chorabschluss und die flachen Gewölbe und Kuppeln, die sich besonders für die illusionistische Deckenmalerei eignen. All das findet sich auch in der Ammerhofkapelle wieder. Der relativ kleine Raum wirkt durch seine harmonischen und schlichten Proportionen großzügig und hell, sodass sich Fresken und Stuckaturen eindrucksvoll entfalten können. Letztere stammen von Franz Xaver Schmuzer, der um 1740 an der Stuckierung der Pfarrkirche in Oberammergau beteiligt war. Er benutzt als einer der ersten als neue Ornamentform die Rocaille, der das Rokoko seinen Namen verdankt. Die asymmetrischen wellen-, schnecken- und muschelförmigen Verzierungen avancieren zum häufigsten Dekor im Spätbarock In der Ammerhofkapelle umrahmen sie effektvoll die symbolischen Vogelmotive in den Zwickeln des Chores, in denen Phönix der Asche entsteigt oder ein Pelikan seine Jungen mit seinem eigenen Blut ernährt.

Schmuzer hat auch an den Fresken der Ammerhofkapelle gearbeitet, zusammen mit einem Maler namens Anton Veeser aus Andelfingen. Vor allem das Chorfresko ist bemerkenswert, nicht nur wegen der gelunge-

Bereitet den Weg dem, der da kommt (Psalm 68)

nen Illusionstechnik, die den Raum in einer immer lichter werdenden Spirale nach oben öffnet, sondern auch wegen des dramatischen Bildprogramms. Eine Mauer umfriedet einen für den Betrachter nicht sichtbaren Paradiesgarten. Dieses Motiv des „Hortus conclusus" war im Barock sehr beliebt. Oft traumhaft schöne und exotische Landschaften spielen auf den Garten an, der im Hohelied Salomons besungen wird und der als ein wichtiges Mariensymbol gilt. Auf der Gartenmauer sitzen zwei pummelige kleine Engel, die wie die beiden Obermachtaler Chorherren am Bildrand gegenüber die Szene zu kommentieren scheinen, die sich vor ihren Augen abspielt. Im mittleren Bereich des Freskos, sozusagen zwischen Himmel und Erde, ist eine Frau mit einer Papstkrone auf dem Kopf zu sehen, die einen Schlüssel und einen Bischofsstab in den Händen hält. Das ist leider keine hoffnungsvolle Vision einer möglichen Zukunft der Kirche, sondern eine Allegorie auf die Kirche, „ecclesia" im Lateinischen, selbst. Auch sie blickt auf das Geschehen, das zwar am Rand des Freskos dargestellt ist, das die Dynamik im Gemälde selbst, aber auch die Blickrichtung der verschiedenen Figuren, zum erzählerischen Mittelpunkt des Bildes werden lassen. Überlebensgroß sieht man dort den Gründer des Prämonstratenserordens, Norbert von Xanten, in den Himmel schweben. Er trägt den traditionellen weißen Habit seines Ordens,

127

der allerdings reich mit Spitzen verziert ist und kaum Ähnlichkeit hat mit dem härenen Gewand des Eremiten aus ungefärbter Schafwolle. Die Figur verschwimmt ein wenig mit dem Hintergrund, Norbert wirkt der Realität bereits entrückt, sehr ätherisch, selbst die vielen Engel auf dem Fresko scheinen eher aus Fleisch und Blut geschaffen als er. Norbert ist hier nicht nur der heilige Ordensgründer, sondern auch der strahlende Sieger im Kampf gegen seine Widersacher, einer der die Welt überwunden hat und dem die ewige Seligkeit zu Teil wird.

Einer der vielen Engel, ein kräftiger junger Mann, durchbohrt mit einer Lanze die Brust eines Mannes, der kopfüber nach unten, aus dem Bild heraus, Richtung Hölle fällt. In einer Hand hält er eine Patene, einen goldenen Kelch, aus dem die Hostien für die Heilige Kommunion rieseln. Bei diesem Mann, der mit Zustimmung aller Beteiligten so grausam hingemetzelt und der ewigen Verdammnis preisgegeben wird, handelt es sich um Tanchelm oder Tanchelinus, einen Mönch und Wanderprediger aus Flandern. Er gilt als der Anführer einer Ketzerbewegung in der Gegend um Antwerpen. In seinen Predigten, mit denen er besonders beim einfachen Volk großen Anklang fand, wandte er sich gegen den Kirchenzehnt und Priester, die mit Frauen zusammen lebten. 1115 wurde er von einem Priester erschlagen. Seine zahlreichen Anhänger hielten ihm jedoch die Treue und verehrten ihn wie einen Gott.

Dramatisches Chorfresko

1124 sah Norbert von Xanten sich genötigt, sie in einer Predigt als Ketzer zu verdammen.

Vermutlich war Tanchelm weniger ein Häretiker als vielmehr ein Anhänger einer Reformbewegung, der man angesichts des damals offen zur Schau gestellten Reichtums der Geistlichkeit heute eher Verständnis entgegen zu bringen geneigt wäre. Im 18. Jahrhundert, zur Zeit der Gegenreformation, war eine möglichst drastische Darstellung von Tanchelms unglücklichem Ende jedoch eine wirkungsvolle Demonstration der Macht und des Selbstverständnisses der katholischen Kirche, die mit ihrem einzig richtigen Bekenntnis allen Protestbewegungen den Wind aus den Segeln nimmt.

1991 wurde die Kapelle neu als Sakralraum geweiht. Sie ist allerdings nicht öffentlich zugänglich. Von April bis September findet an jedem Samstagabend ein Gottesdicnst statt. Außerdem steht die Kapelle im Sommer für Andachten, Hochzeiten und Taufen zur Verfügung.

Dass es nicht möglich ist, jederzeit sein Fahrrad am Pferdestall anzulehnen und in die Kapelle hineinzugehen, mag bedauerlich sein. Andererseits ist es auch sehr schön, diesen besonderen Kirchenbau wirklich nur in seiner Funktion als Andachtsraum wahrzunehmen, sich einzulassen auf das Gebet und den Gesang, der ihn immer wieder aus einer Art Dornröschenschlaf erweckt. Und sollte man eine Kindtaufe nicht während des Gemeindegottesdienstes, sondern in einem kleineren Kreis feiern wollen, dann bietet die helle, etwas verspielte Rokokokapelle ein perfektes, intimes Ambiente. Das Hofgut mit den vielen Pferden, die neugierig die Köpfe aus den Stallfenstern strecken, liefert dazu einen reizvollen ländlichen Kontrast.

Der besondere Tipp

Wegen der vielen Pferde auf dem Ammerhof ist die idyllisch gelegene Domäne DER Abstecher auf einer Familienfahrradtour mit Töchtern zwischen acht und zwölf Jahren!

Bildersturm an der Bundesstraße

St. Barbara in Unterjesingen

S t. Barbara bin ich genannt,
 Kelch und Hostia trag ich in der Hand.
  Wer da ehr Gott durch die Marter mein,
  des guter Fürsprecher will ich sein,
  dass ihm an seinem letzten End
  wird geben das heilig Sakrament
  und das ewig Leben."

In einem alten Fronleichnamsspiel aus dem 15. Jahrhundert wird auf diese Weise die heilige Barbara, die Schutzpatronin der Unterjesinger Kirche, angerufen. So wichtig war den Menschen im Mittelalter ein guter Tod, ein Eingehen in Gottes Ewigkeit unter Seinem Schutz und Geleit, dass sie sogar eine Heilige darum baten, bei Gott für sie darum zu bitten, ihnen einen plötzlichen Tod ohne Abschied und ohne Sterbesakramente zu ersparen. Sterben als ein Übergang, der bewusst erlebt werden will, eine Reise in ein anderes, ewiges Leben: dass mitten im Tod Leben sein kann, machen wir uns im Namen der heiligen Barbara allerdings auch heute noch bewusst. Wenn wir an ihrem Todestag, dem 4. Dezember, Kirschzweige in eine Vase stellen, können wir uns mitten im Winter, in den dunkelsten Tages des Jahres, an den zartrosa Blüten erfreuen, die uns zeigen, dass selbst der dürre Zweig Leben in sich birgt.

Nicht nur wegen des Brauchs, in der Adventszeit Barbarazweige zu schneiden, ist die heilige Barbara eine der beliebtesten Heiligen, auch wenn ihre historische Existenz gar nicht wirklich gesichert ist. Die Legende um die vornehme jungfräuliche Märtyrerin, die sich in ihrem Gefängnisturm taufen lässt, vor ihren Verfolgern flieht und in einer sich plötzlich öffnenden Bergspalte Schutz sucht, um schließlich doch vom eigenen Vater enthauptet zu werden, ist besonders anrührend. Als Schutzpatronin der jungen Mädchen und vor allem der Bergleute hat sie immer noch einen hohen Bekanntheitsgrad: So ist der 4. Dezember in vielen Bergwerken, Stollen und Tunneln noch heute ein Feiertag.

Als Patronin der Kirche in Unterjesingen wird die heilige Barbara 1360 zum ersten Mal erwähnt. Eine Kirche einer anderen Frau als Maria zu weihen wird erst im 14. Jahrhundert üblich, was bedeutet, dass die Kirche vorher unter dem Schutz eines anderen Heiligen stand. Weil nicht sicher ist, wer das war, lässt sich auch die Gründungszeit der Unterjesinger Kirche nicht festlegen.

Die kleine Schwester der Tübinger Stiftskirche

Erbaut wurde St. Barbara im späten 15. Jahrhundert, der Bauherr war, wie bei vielen anderen Kirchen in der Region aus dieser Zeit, der württembergische Graf Eberhard im Barte, der Gründer der Tübinger Univer-

Das alte Schulhaus neben der Kirche

sität. Er war mit einer Dame aus dem italienischen Hochadel verheiratet, die Barbara von Mantua hieß und hin und wieder wurde angenommen, Unterjesingen sei wegen der gräflichen Gemahlin der heiligen Barbara geweiht worden. Aber deren Verehrung war hier in der Region schon zu einer Zeit weit verbreitet, als Eberhard seine Frau noch gar nicht kannte.

Unterjesingen könnte noch einen wunderschönen alten Dorfkern besitzen, mit Kirche, Schulhaus und Pfarrhaus im Zentrum und dem Gasthof Lamm, einer ehemaligen Poststation, gleich nebenan. Es ist ausgesprochen idyllisch und vom Kirchplatz führt der Weg hinauf in die Weinberge. Leider schneidet die zur Bundesstraße ausgebaute Jesinger Hauptstraße den Ort regelrecht in zwei Hälften und ausgerechnet auf dem Platz vor der Kirche ist es furchtbar laut.

Die Ähnlichkeit von St. Barbara mit der Tübinger Stiftskirche ist unverkennbar. Vermutlich war zwar nicht deren Baumeister Hans Augstaindreyer selbst für den Bau verantwortlich, sicherlich aber einer seiner Mitarbeiter. Vor allem der Turm, der von einem Viereck in ein Achteck übergeht, erinnert schon von weitem an die große Kirche der nahen Universitätsstadt. Auch der Chor mit seinem Fischblasenmaßwerk und dem reichen Netzgewölbe ähnelt dem der Stiftskirche und dass das Chorgewölbe auf Konsolen ruht, die jeweils das Gesicht eines Apostels ziert, ist sogar typisch für die Uracher Bauschule. Die Bemalung des Chores wurde 1965 rekonstruiert, Flammenbündel sollen die Gegenwart Gottes und des Heiligen Geistes symbolisieren. Die Motive der drei Schlusssteine machen aus dem Chorgewölbe ein Abbild des Himmels: Ganz im Osten, im Chorhaupt, ist Maria als Himmelskönigin zu sehen, sie ist mit einer Sonne bekleidet und hat einen Mond unter ihren Füßen. In der Mitte sieht man natürlich die Kirchenpatronin Barbara, ausgestattet mit all ihren Attributen, dem Kelch und der Hostie für die Sterbenden, der Krone und der Palme, die das eigene Märtyrertum symbolisieren und dem Turm, in den ihr Vater sie eingesperrt hatte und in den sie ein drittes Fenster, Zeichen der heiligen Dreifaltigkeit, hatte einbauen lassen. Auf dem dritten Schlussstein sieht man das Schweißtuch der Veronika: Nach der Legende wischte eine Frau, die Jesus einst von einer Krankheit geheilt hatte und die im apokryphen Nikodemusevangelium Berenike genannt wird, Jesus auf seinem Weg nach Golgatha mit einem Tuch Schweiß und Blut aus dem Gesicht. Wundersamerweise blieb der Abdruck von Jesus'

Gesichtszügen auf dem Tuch erhalten – sozusagen das einzige Porträt
des Erlösers. Aus Berenike wurde
Veronika, eine lateinisch-griechische
Wortkombination: „Vero" bedeutet
„wahr" und „ikon" „Bild".

Natürlich wurde die Kirche 1534
reformiert und alles, was an den alten
Glauben erinnerte, aus dem Gotteshaus herausgetragen. Dazu gehörte
neben dem Hochaltar und verschiedenen Heiligenskulpturen auch die
Sakramentsnische, in der die geweihten Hostien aufbewahrt wurden. Vermutlich ist es der sprichwörtlichen

Schalldeckel

schwäbischen Sparsamkeit zu verdanken, dass diese Sakramentsnische
während dieses Bildersturms nicht verloren gegangen ist oder sogar zerstört wurde: Sie fand im Keller eines Bauernhauses als Wandschrank
Verwendung. 1984 wurde sie wieder in die Kirche zurückgebracht.

Als wichtigstes Ausstattungsstück der neuen evangelischen Kirche
wird im 16. Jahrhundert eine Kanzel gebaut, die zunächst noch keiner-
lei Bemalung aufwies. Erst 1894 versah der Maler Fritz Hummel sie mit
Blatt- und Blumenornamenten. Der schöne mehrmals bemalte Schalldeckel kam erst im 17. Jahrhundert als Stiftung des damaligen Pfarrers
Matthias Käuffelin hinzu.

Neugotik und Jugendstil

1894 beauftragte die Gemeinde Heinrich Dolmetsch mit einer grund-
legenden Renovierung der mittlerweile ziemlich „verwohnten" Kirche.
Vor allem wurde es nötig, Plätze für alle Mitglieder der immer größer gewordenen Gemeinde zu schaffen. Deshalb wurden große Emporen eingebaut und die Gläubigen regelrecht übereinander gestapelt. Das war im
19. Jahrhundert in der Region keine Seltenheit: Der sonntägliche Kirchgang war Pflicht und manchmal drehten Mitglieder des Kirchenkonvents
während des Gottesdienstes sogar eine Runde durchs Dorf, um sicher

zu gehen, dass niemand zu Hause geblieben war. Und auch wenn die Kirchenstühle nicht mehr, wie im 17. und 18. Jahrhundert üblich, im Abonnement vergeben oder verkauft wurden, herrschte in den Kirchen eine strenge Sitzordnung: Normalerweise gab es eine Männer- und eine Frauenseite, die nicht verheirateten jungen Männer bekamen einen besonderen Platz, ebenso sämtliche Honoratioren des Dorfes und natürlich auch die Kinder. Lieber ließ man eine Bankreihe frei, als dass man sich auf einen Platz gesetzt hätte, der für jemand anderen vorgesehen war. Neben diesen Emporen verpasste Heinrich Dolmetsch der Kirche eine völlig neue, neugotische Ausstattung. Sämtliche Wände wurden, wie es vor der Reformation bereits der Fall gewesen war, wieder bemalt. Diese Fresken, die unter anderem Jesus als Weltenrichter und die Apostel zeigten, orientierten sich in ihrer Farbgebung, den dekorativ geschwungenen Linien und der unglaublich aufwändigen floralen Ornamentik bereits am Jugendstil, eine Stilrichtung, die von Heinrich Dolmetsch mit großer Selbstverständlichkeit in die neugotische Umgestaltung der Kirche integriert wurde.

Besonders wichtig war ihm eine eingewölbte Decke. Im späten Mittelalter verzichtete man häufig auf eine Einwölbung und zog lediglich eine flache Holzdecke ein, wie zum Beispiel auch in der Tübinger Stiftskirche. Das war den neugotischen Architekten des 19. Jahrhunderts nicht gotisch genug und sie „vollendeten" den Kirchenbau häufig mit

Neugotische Wandmalereien auf dem Dachboden

einem Gewölbe. In Unterjesingen entschied man sich für eine Holzdecke mit einer sargdeckelartigen Einwölbung, die der Reutlinger Maler Fritz Hummel mit einer sehr dekorativen Schablonenmalerei versah. Zu guter Letzt erhielt die Kirche auch noch neue farbige Chorfenster.

Ein zweiter Bildersturm

1965 wollte man von all dieser fin-de-siècle-Pracht nichts mehr wissen. Die Kirche sollte wieder in den angeblich ursprünglichen gotischen Zustand zurückgeführt und vor allem heller werden. Schlicht mussten Kirchen jetzt wieder sein und deshalb entschied man sich in Unterjesingen für einen regelrechten zweiten Bildersturm: Wer jetzt die Wandmalereien aus dem 19. Jahrhundert sehen möchte, muss auf den Dachboden der Kirche steigen. Oberhalb der Decke war es nicht nötig sie zu übertünchen und so sind noch einige Reste erhalten geblieben. Ansonsten wurde der komplette Kirchenraum radikal weiß gestrichen, nur im Chor rekonstruierte der Restaurator Hans-Dieter Ingenhoff die dezente blau-rote Farbgebung mit den Flammensymbolen. Die gewölbte Decke wurde mit einer modernen, flachen Holzdecke unterlegt, die Emporen verschwanden. Die Fenster wurden herausgenommen und verkauft, die Kanzel und der Schalldeckel verschwanden in der Scheune und wurden durch ein Lesepult ersetzt. Nicht zuletzt aus theologischen Gründen wurde der Altarraum in das Kirchenschiff integriert: In einer evangelischen Kirche versammelt sich die Gemeinde um den Altar, um gemeinsam Gottesdienst zu feiern und die Sakramente zu empfangen. Damit der Chor jetzt nicht zu einem Relikt aus früheren Zeiten verkam, das nur noch kunsthistorische Bedeutung hatte, entschloss man sich, die Orgel im Chorraum aufzustellen, die seitdem fast wie ein Hochaltar alle Blicke auf sich zieht. Nahezu der einzige Schmuck, der der Kirche geblieben war, war das große Kruzifix, das zuvor über der Sakristeitür gehangen hatte und kaum noch von jemandem wahrgenommen wurde. Nach dessen Restaurierung stellte sich heraus, dass es sich um eine äußerst qualitätvolle Arbeit aus dem frühen 17. Jahrhundert handeln musste, einer Zeit, aus der es nur wenig künstlerische Zeugnisse aus evangelischen Kirchen gibt. Deshalb entschloss man sich, das Kruzifix in den Chorbogen über den Altar zu hängen.

Bereits nach dreißig Jahren hatten die Unterjesinger von dieser radikalen Schlichtheit wieder genug – es ist bezeichnend, dass das Bedürfnis nach leeren Wänden, klaren Linien und schnörkelloser Gestaltung immer relativ schnell der Lust am Dekorativen, am Bild und an Gegenständen, zu denen man einen persönlichen Bezug aufbauen kann, weicht. Jedenfalls war klar, dass bei der notwendigen Renovierung 1996 die Kirche wieder ein einladender Treffpunkt für die Gemeinde werden sollte und nicht nur ein Beispiel spätgotischer Baukunst. Anstatt alles zu eliminieren, was nicht zur allerersten Kirchenausstattung gehörte, verwendete man jetzt bewusst Einrichtungsgegenstände aus verschiedenen Epochen, um von all den Gläubigen erzählen zu können, die im Laufe der Jahrhunderte in dieser Kirche gesungen und gebetet, gefeiert und getrauert haben. Die Kanzel kam aus ihrem Scheunenexil an ihren alten Platz in die Kirche zurück, der Schalldeckel wurde restauriert, wobei man unter dicken Farbschichten schließlich die wunderschöne barocke Taube und die Stifterinschrift aus dem 17. Jahrhundert wieder entdeckte, und über die Kanzel gehängt. Die Kanzel von 1965 benutzt die Gemeinde jetzt als Lesepult. Das Kruzifix hängte man an der Nordwand der Kirche auf, der von Heinrich Dolmetsch entworfene Altarstein mit dem Christusmonogramm fand einen Platz unter der neu entdeckten Sakramentsnische. Die prächtig bemalte Holzdecke von 1894 kam zu neuen Ehren und wurde der von 1965 unterlegt, bei der Gestaltung der Emporenbrüstung inspirierte man sich ebenfalls an neugotischen Vorbildern und benutzte als unteren Abschluss Bretter mit Schablonenmalerei von 1894. Um die Reste der Jugendstilbemalung sehen zu können, muss man allerdings die Mesnerin darum bitten, den Dachboden besteigen zu dürfen.

Der besondere Tipp

Wandern Sie gern? Unterjesingen ist ein idealer Ausgangspunkt für Sonntagsspaziergänge und ambitionierte Touren durch das Ammertal und den Schönbuch. Schöne Tourenvorschläge finden Sie in einer kleinen Broschüre des Schwäbischen Albvereins, die Sie im Internet herunterladen können: www.albverein-unterjesingen.de

Je höher der Kirchturm, desto schöner das G'läut

St. Michael in Entringen

Schon von weitem ist der vermutlich höchste, aber sicherlich schiefste Dorfkirchenturm Württembergs mit seinen grün glasierten Ziegeln zu sehen. Ein Teil des gemauerten Fundaments steht auf einem Gipsfels, der durch das Gewicht des Bauwerks nicht verpresst werden konnte. Als die Bauleute Ende des 15. Jahrhunderts eine bestimmte Höhe erreicht hatten, begann der Turm leicht nach Nordwesten zu kippen. Das Problem

Blick in den Chor

wurde pragmatisch gelöst: Die Baumeister fügten einfach ein weiteres Gesims ein, legten dies „ins Wasser" und bauten munter weiter: „Je höher der Kirchturm, desto schöner das G'läut, je weiter zum Schatz, umso größer die Freud", ritzte ein Ofensetzer auf einen der Entringer Turmziegel. Schließlich war der Turm vom Kirchhof bis zum Hahnenkamm über 70 m hoch. Ein Meisterwerk, in das leider immer wieder der Blitz einschlug. 1907 hing der Turm an der Spitze 1,40 m über seine nordwestliche Kante hinaus. Er wurde daraufhin auf etwa 55 m Höhe abgetragen. Damit ist er einen knappen Meter niedriger als der Turm der Herrenberger Stiftskirche, aber immer noch der höchste Dorfkirchenturm weit und breit.

Eine Dorfkirche von ungewöhnlicher Größe

Die Kirche passt zum Turm. Für eine Dorfkirche ist St. Michael fast übertrieben geräumig. Der spätgotische Bau steht auf einer romanischen Vorgängerkirche, die im Laufe des 15. Jahrhunderts sukzessive durch Neubauten ersetzt wurde. Der Chor stammt von 1411, im Dachwerk des Langhauses haben 1453 noch die Vögel gesungen. Die verschiedenen Bauabschnitte lassen sich sogar von außen deutlich erkennen, auch ein romanischer Wandrest zwischen Langhaus und Chor ist noch zu sehen. Weil die Kirche so riesig ist, musste man sie im 19. Jahrhundert nicht für eine ständig wachsende Gemeinde vergrößern. Dadurch entging sie einer tiefgreifenden neugotischen Überformung. Natürlich gab es vor allem im Innenraum mehrfache Umgestaltungen: Zum Beispiel hat man im 18. Jahrhundert die Kirche vermutlich mehr oder weniger blau ausgemalt. An der Südwand hängt nämlich folgender Spruch:

> „Das schöne Blau, das hier Gemüt und Herz ergötzt
> das raue Wittichen hat solchen Schatz getragen
> und sein Gedächtnis hier der Nachwelt eingeätzt."

Wittichen ist ein Ort im Nordschwarzwald, in dem in der ersten Hälfte des 18. Jahrhunderts Kobalt abgebaut wurde. Das Kobaltblau ist in St. Michael nicht mehr zu sehen. Die letzte große Kirchenrenovierung fand 1967 statt. Der heutige Besucher betritt einen überraschend großen, wunderschön proportionierten Kirchenraum.

Die ungewöhnliche Größe der Kirche hat verschiedene Ursachen, die mit der Nähe zur Burg Hohenentringen zusammenhängen. Diese Burg ist heute ein beliebtes Ausflugsziel. Schloss Hohenentringen entstand im 12. Jahrhundert, aus Sicherheitsgründen natürlich oben auf dem Berg. Es handelte sich um eine sogenannte Ganerbenburg, das heißt, sie gehörte als Lehen immer einer ganzen Gemeinschaft von erbberechtigten Familienangehörigen. 1417 lebten fünf große Familien auf Hohenentringen, die es zusammen auf etwa 100 Kinder gebracht haben sollen. Georg von Ehingen hat darüber berichtet, dass sie dort alle „freundlich und friedlich beieinander" lebten. Sonntags gingen sie mit all ihren Kindern in die Kirche. Angeblich verließen die letzten Familienangehörigen gerade die Burg, wenn die ersten die Kirche betraten. Die Frauen der Familien von Hailfingen, Gültlingen und Ehingen hatten tatsächlich insgesamt 100 Kinder geboren. Angesichts der hohen Kindersterblichkeit und der Tatsache, dass die Ältesten bereits verheiratet und außer Haus waren, als die jüngsten Geschwister das Licht der Welt erblickten, ist die Vorstellung, dass all diese Kinder sich gemeinsam gesund und munter auf der Burg tummelten, eher eine romantisch verklärte. Sicher ist, dass im 15. Jahrhundert die Familie von Ehingen auf Hohenentringen lebte, ein sehr wohlhabendes und einflussreiches Geschlecht. Rudolf von Ehingen war Mitte des 15. Jahrhunderts „vertrautester Rat" des Grafen Ludwig von Württemberg und blieb nach Ludwigs Tod bei seinen minderjährigen Söhnen Ludwig und Eberhard, dem späteren Grafen „im Barte", dem Gründer der Universität Tübingen in Diensten. Reiche Erbschaften und eine kluge Vermögenspolitik machten es ihm möglich, zu seiner und zur Ehre Gottes den Neubau der Entringer Pfarrkirche zu finanzieren. Diese Kirche war gleichzeitig Pfarrkirche für die Bewohner des Ortes und der Burg, darüber hinaus aber auch die Grablege von Rudolfs Frau Agnes von Waldeck-Heimerdingen, die 1443 bei der Geburt ihres neunzehnten Kindes gestorben war. Nachdem Rudolf von Ehingen seine letzten Lebensjahre in der Kartause Güterstein bei Urach verbracht und dort nach den Regeln des Ordens gelebt hatte, um sich ganz Gott und dem Heil seiner Seele zu widmen, wurde auch er in der von ihm erbauten Pfarrkirche neben seiner Frau beigesetzt. Die Grabplatte mit dem Wappen derer von Ehingen, ein Dreieck, dem die untere Seite fehlt, ist noch heute in der Kirche zu sehen.

Eine einflussreiche Familie

Einer der zahlreichen Söhne von Agnes und Rudolf war Georg von Ehingen, der 1428, also erst viele Jahre nach dem legendären Kirchgang von 1417 zur Welt kam. Georg von Ehingen machte wie sein Vater in württembergischen Diensten Karriere und galt als einer der fähigsten Berater Graf Eberhards im Barte. Er war ein ausgezeichneter Diplomat und führte in dieser Funktion die Hochzeitsvermittlungen mit dem Hause Gonzaga im oberitalienischen Mantua und stiftete so die Ehe zwischen Eberhard und der schönen Markgrafentochter Barbara. Seine diplomatischen Reisen führten ihn fast bis an die Enden der christlichen Welt. Seine Laufbahn beendete er als Kämmerer der Gräfin Mechthild von der Pfalz, der Mutter des Grafen Eberhards. Diese hatte sich nach dem Tod ihres zweiten Ehemannes, des Erzherzogs Albrecht VI. von Österreich, dem Bruder des Kaisers, die Stadt Rottenburg zum Witwensitz gewählt und wirkte dort als Mäzenin von Dichtern und anderen Künstlern. Die höfisch-ritterliche Literatur erlebte in ihrem Umfeld eine Renaissance, zu der auch Georg von Ehingen mit einem ausführlichen Reisebericht unter dem Titel „Zwei Reisen nach der Ritterschaft" beigetragen hat.

Für eine solche Familie reichte eine kleine Kapelle natürlich nicht aus. Die Kirche in Entringen sollte nicht nur dem Seelenheil derer von Ehingen dienen, sondern auch deren Reichtum und Macht sowie die Nähe zu den Grafen von Württemberg repräsentieren. Das spiegelt sich natürlich nicht nur in der Größe wider, sondern auch in verschiedenen Details der Innenausstattung. So sind auf dem Chorgestühl die Palmen zu sehen, die der Graf Eberhard im Wappen getragen hat. Nach einer Pilgerfahrt nach Jerusalem wählte er die Palme als sein persönliches Symbol. Im Jahr 1468 erwarb er von Georgs Brüdern Diepold und Burkhard deren Anteile an Entringen, wodurch die Verbindungen zwischen den Häusern Ehingen und Württemberg noch enger wurden. Bei dem Chorgestühl handelt es sich übrigens um eines der am besten erhaltenen und mit Flachschnitzerei und Malerei reich geschmückten Gestühle der Spätgotik. Die Palmen sehen aus wie Sterne. Die Entscheidung, ob das Zufall, reine Spielerei oder eine versteckte Anspielung auf den Glanz des Hauses Württembergs ist, bleibt dem Betrachter überlassen.

Macht und Reichtum demonstrierten auch Johann Philipp von Remchingen und seine Frau Elisabetha Sybilla, die im 17. Jahrhundert auf Hohenentringen lebten. Sie ließen 1627 einen eigenen Kirchenstuhl für sich und ihre Nachkommen anfertigen, der bis 1969 im Chor aufgestellt war und heute wie eine zweite Empore hoch über der Westempore thront. Auf diesen Kasten mit dem verschiebbaren, rautenförmigen Gitterwerk malte der Künstler Johann Ratgeb neben den Wappen der Familien von Remchingen und Gültlingen sieben Frauengestalten, die die drei christlichen und die vier Kardinaltugenden darstellen: Glaube, Liebe, Hoffnung und Gerechtigkeit, Klugheit, Besonnenheit und Tapferkeit. Um große Kunst handelt es sich hier sicherlich nicht. Die Malereien sind ziemlich unbeholfen, die Proportionen stimmen nicht immer, die Damen haben schon einmal unterschiedlich dicke Arme und der Gültlinger Adler sieht reichlich gerupft aus. Aber wer in diesem Kasten während des Gottesdienstes Platz nehmen durfte, gehörte zu den angesehensten Familien der Gegend, zu den Herren von Hohenentringen oder später zu der Familie des Gutspächters.

Anspielungen auf das Paradies

Für sorgfältige mittelalterliche Baukunst stehen die Bauplastiken, die sich im Chorraum befinden. Dazu gehören die aufwändig gestaltete Sediliennische, der Sitzplatz für den Priester, die schönen Schlusssteine mit Gotteslamm und Christuskopf als Motive sowie die Chorhauptkapitelle, also die oberen Abschlüsse der Halbsäulen, die das Chorgewölbe tragen. Die Rosen und Weinreben, die der aufmerksame Betrachter hier entdecken kann, sind keine zufällig ausgewählten Ornamente, sondern wichtige christliche Symbole. Die Weinrebe deutet auf das für uns vergossene Blut Christi hin, die Rose ist hier nicht nur die Paradiesblume, sondern auch ein wichtiges Mariensymbol.

Eine weitere Anspielung auf das Paradies könnten die beiden Köpfe an den Seiten des östlichen Hauptfensters darstellen: Zu sehen sind ein Mann und eine Frau, sie tragen keine Kopfbedeckung, das Gesicht des Mannes ist rasiert, die Frau trägt ihr Haar offen, es gibt keine Wappen oder sonstigen Accessoires, die auf eine Identität der beiden Personen hindeuten würden. Wahrscheinlich handelt es sich bei den beiden um Adam und Eva. Das Bildprogramm des Chorraums verbindet auf diese Weise die Auferstehung Christi mit dem Paradies.

Rosenornamente finden sich auch auf dem Baldachin an der Chornordwand. Unter diesem Baldachin befand sich eine mittlerweile verloren gegangene Figur. Heute hängt dort ein Gemälde von Manfred Luz, das den Erzengel Michael, den Schutzpatron der Kirche, zeigt, der gegen die Mächte der Finsternis kämpft und siegt. Der Baldachin selbst ist wie eine kleines gotisches Gebäude gestaltet. An der Unterseite sieht man ein imitiertes Kreuzrippengewölbe, das nach außen hin von giebelbesetzten Abdeckplatten gesichert wird. Damit entspricht dieser Miniaturchor genau dem Chor der Michaelskirche. Die drei freiliegenden Seiten sind wie kleine Tore geformt, deren Bögen mit sogenannten Krabben besetzt sind und oben in einer Kreuzblume enden. Auf dem Dach des Baldachins steht eine Trägersäule, deren oberer Teil abgebrochen ist. Die ganze Plastik sieht wie eine kleine Kirche aus, mit der abgebrochenen Säule als Kirchturm. Und wie es sich für einen richtigen evangelischen Kirchturm gehört, thront oben ein schöner Turmhahn. Dieser Hahn schmückte bis 1984 den Turm der Kirche. Dann wurde das Dach neu eingedeckt und der altersschwache Gockel durch einen neuen ersetzt. Der mittelalterliche Turmhahn wurde repariert und anschließend versteigert. Einige Jahre hing er in der Wohnstube des Mesners, bis er wieder in die Kirche zurückkam, um im Kirchenraum die Menschen daran zu erinnern, dass sie zu ihrem Glauben stehen und Christus nicht verleugnen sollen. Das kleine Fenster im Chor neben dem Baldachin führt übrigens zur Läutekammer. Als die Glocken noch mit einem Seil zum Läuten gebracht wurden, saßen die Läutebuben hinter diesem Fenster und warteten auf ihren Einsatz.

Weil Glauben und Wunder eng zusammenhängen, darf ein solches in der Kirche nicht fehlen. Auch hier haben astronomisch versierte Baumeister für ein solches gesorgt: Immer am 23.9., dem Tag des heiligen Michael, wird der ganze Altar so von der Sonne angestrahlt, dass er glänzt wie Gold.

Der besondere Tipp

Ein Spaziergang zum Schloss Hohenentringen ist fast Pflicht. In der Gaststube, der „Mostburg" mit der sehr schönen Gartenwirtschaft hängt ein Bild von Gunhild von Ow von 1913, das den legendären Kirchgang von 1417 darstellt. Leider darf dort kein mitgebrachtes Vesper verzehrt werden, aber die Küche ist preiswert und familienfreundlich.

Zu schön, um von hier zu sein?

St. Ursula in Oberndorf

In einer „Beschreibung des Oberamts Herrenberg", die 1855 vom „Königlichen statistisch-topographischen Bureau" in Stuttgart herausgeben wurde, wird das auf einer flachen Anhöhe zwischen Ammer- und Neckartal gelegene Oberndorf vor allem wegen seiner sehr schönen Lage gelobt. Freundlich sehe es aus mit seinen Obstbaumwiesen und den Tannen im Hintergrund, aber leider seien die Häuser alle in einem erbärmlichen Zustand und die Bevölkerung bettelarm.

Die unansehnlichen Häuser sind verschwunden, das Dorf ist größer und wohlhabender geworden. Geblieben ist die attraktive landschaftliche Umgebung und ein wunderbar idyllischer Dorfkern. Mitten im Dorf ist die sogenannte Wette, ein Teich, der sich aus dem Wasser einer Quelle

Dorfplatz mit Wette

speist, die oberhalb der Kirche entspringt. Diese Quelle ist vermutlich der Anfang von Oberndorf, das übrigens 1292 zum ersten Mal in einer Urkunde erwähnt wird. Die Wette war der Brauchwasserlieferant für die hier lebenden Menschen, man brachte das Vieh zur Tränke, wusch seine Wäsche und wenn es brannte, holte man das Wasser zum Löschen. Die Wette ist immer noch ein Löschteich, dessen Wasser über einen Hydranten entnommen werden kann.

Einmal im Jahr ist sie auch Schauplatz eines nasskalten Spektakels: Am 13. Januar werden die neuen Narren der Oberndorfer Narrenzunft in der Wette getauft. Sie müssen sie, an zwei Seilen angeleint, einmal durchqueren und anschließend schüttet man ihnen mit einer alten Toilettenkanne einen Kübel eiskaltes Quellwasser über das Häs. In erster Linie ist die Wette heute jedoch ästhetischer Dorfmittelpunkt und Zierteich. Unter der alten Kastanie trifft man sich auf ein Schwätzle und die Kinder von Oberndorf können nicht nur „läppern", sondern auch den Enten, Reihern und vor allem den Fischen zuschauen, den Karpfen, Stören und anderen Wasserbewohnern, die von einigen Aquariumsfreunden liebevoll betreut werden.

Die Kirche an der Nordseite des Platzes liegt also wirklich mitten im Dorf und ist der bauliche Höhepunkt des Ortsbildes. Sie ist aus einer Kapelle entstanden, die um 1430 gebaut wurde. Der Chor mit seinen einfachen, maßwerklosen Fenstern stammt noch aus dieser Zeit. Er ist für einen Kapellenchor ausgesprochen groß, licht und bei aller Schlichtheit äußerst qualitätvoll ausgestattet. Der Hochaltar gehört sogar zu den schönsten und wichtigsten Werken sakraler Kunst in der Region. Das gotische Langhaus wurde 1778/79 umgebaut und vergrößert. Diese Umbaumaßnahme und die ungewöhnliche Ausgestaltung des Chores haben etwas mit der spannenden Geschichte der Pfarrei zu tun.

Kleine Dörfer und große Geschichte

Seit dem 13. Jahrhundert bildete Oberndorf einen gemeinsamen Herrschaftsbezirk mit Poltringen. Daher stammt auch der Name des Ortes: Es war, von Poltringen aus gesehen, das „obere Dorf". Inhaber der Herrschaftsrechte waren die Pfalzgrafen von Tübingen. Diese gerieten durch unkluge wirtschaftspolitische Entscheidungen, Viehseuchen und Missernten, Erbteilungen und kriegerische Auseinandersetzungen in finanzielle Schwierigkeiten. Zudem drängte sie der Untergang der Staufer – 1268 wird Konradin, der Enkel Friedrichs II., in Neapel hingerichtet – ins politische Abseits. Ende des 13. Jahrhunderts beginnt eine Art Ausverkauf. Unter anderem wurden 1292 die Orte Reusten, Poltringen und Oberndorf an das Kloster Bebenhausen veräußert. Mit dem Kauf erhielt das Kloster auch die Patronatsrechte der Kirche St. Stephan in Poltringen, die als Mittelpunkt des Pfarrsprengels auch von den Oberndorfern als Pfarrkirche benutzt wurde. Den Weg dorthin scheinen die Dorfbewohner in Kauf genommen zu haben.

Das ändert sich im Spätmittelalter. Die Verwalter der Ortschaft, die sogenannten Vogtherren, beklagen die zu weite Entfernung nach Poltringen. Die Vogtsherren wollten eine Kapelle und einen Altar bauen lassen und den Kaplan bezahlen, der dort tätig werden sollte, also eine sogenannte Pfründe stiften. So eine Pfründe wurde normalerweise mit allem ausgestattet, was zum Lebensunterhalt eines Pfarrers notwendig war: Ein Haus mit einer Scheune und einem Garten sowie einige Liegenschaften und andere Einkünfte. Einer dieser Vogtsherren war Rudolf von Ehingen. Er war ein enger Berater des Grafen Ludwig von Württemberg und galt als ausgesprochen frommer Mann. Er und seine Frau sind in der Pfarrkirche St. Michael in Entringen bestattet, die er ebenfalls zum Heil seiner Seele finanziert hat. Ganz allein waren die Vogtsherren allerdings wohl nicht für den Kapellenbau und die Stiftung dieser Kaplaneipfründe verantwortlich, einige Einwohner von Oberndorf trugen mit dazu bei.

Eine richtige Kirche war die Kapelle mit dem der Heiligen Dreifaltigkeit und Maria geweihten Altar aber nicht. Der Kaplan von Oberndorf unterstand dem Pfarrer in Poltringen und der wiederum dem Abt von Bebenhausen. Seine seelsorglichen Rechte waren streng geregelt: Normalerweise war es ihm nicht gestattet zu taufen und zu trauen. Ein geistlicher Beistand vor Ort und das Ansehen, dass man sich mit der Stiftung einer solchen Einrichtung erwarb, reichten manchem Oberndorfer jedoch als Motivation, sich an der Stiftung zu beteiligen.

Knapp hundert Jahre später wird die Reformation die kirchliche Landschaft zwischen Rottenburg und Reutlingen drastisch verändern: 1534 werden alle württembergischen Orte in der Umgebung von Poltringen und Oberndorf evangelisch, das Kloster Bebenhausen wird vom württembergischen Herzog Ulrich aufgefordert, auf alle Klosterpfarreien, also auch nach Poltringen, evangelische Geistliche zu berufen. 1547 gelingt es dem Teil der Klostergemeinschaft, der sich der Reformation nicht angeschlossen hatte und katholisch geblieben war, einen neuen Abt zu wählen. Das Kloster blieb also rein rechtlich bis 1560 beim „alten Glauben", dann wurde dieser katholische Abt von Ulrichs Sohn, Herzog Christoph, zwangspensioniert.

In Poltringen und Oberndorf stritt man bis 1608 um die Konfessionszugehörigkeit der Orte und ihrer Bewohner. Ortsherren waren zu dieser Zeit die Grafen von Eberstein, denen ein Teil der Dörfer selbst gehörte, einen anderen Teil hatten sie von Österreich als Lehen bekommen. Sie waren katholisch und wollten es, schon aus Treue zum österreichischen Lehnsherren, auch bleiben. Die Vogtsherren waren aber immer noch die Herren von Ehingen: Georg von Ehingen war genauso fromm wie sein Vater Rudolf es gewesen war, aber mittlerweile als Berater des Hauses Württemberg selbstverständlich ein begeisterter Protestant, der die Reformation einführen wollte, was den Ortsherren missfiel. Es kam zu langwierigen Rechtsstreitigkeiten zwischen den Herzögen von Württemberg sowie den Herren von Ehingen auf der einen und der gesamten Familie von Eberstein auf der anderen Seite. Erst 1608 wurde der Dauerstreit mit einem Vergleich abgeschlossen: Der mittlerweile evangelische Pfarrer in Oberndorf musste wieder gehen, aber die Grafen von Eberstein mussten ihm in Poltringen ein Pfarrhaus bauen. In beiden Orten gab es mittlerweile evangelische und katholische Christen. Aber beide Pfarrer, der evangelische und der katholische, wohnten und arbeiteten in Poltringen. Die Katholiken in Oberndorf liefen also, wie vor 1440, so oft es ihre Arbeit zuließ, nach Poltringen zur heiligen Messe. Allerdings musste der Poltringer Pfarrer nach Oberndorf kommen, um alten und kranken Gläubigen die Kommunion zu spenden. Auch Taufen und Hochzeiten wurden bei Bedarf in Poltringen gehalten. Der evangelische Pfarrer durfte den evangelischen Christen in der Oberndorfer Kapelle predigen, aber nicht den Chor benutzen, der war dem katholischen Geistlichen vorbehalten.

Das war natürlich alles wahnsinnig umständlich. Aber der Gedanke, dass die Oberndorfer Kapelle simultan von beiden Konfessionen benutzt

wurde und auf diese Weise eine etwas ungewöhnliche und sicherlich
unfreiwillige, aber sehr pragmati-
sche und lebendige Ökumene gelebt
wurde, entbehrt nicht eines gewissen
Charmes.

1634, mit der Schlacht bei Nördlingen, die für Württemberg den Beginn der Verwicklungen in den Dreißigjährigen Krieg markiert, hat es mit
diesem unkonventionellen Schwebe-
zustand leider ein Ende: der evangelische Pfarrer wird aus Poltringen vertrieben, die Protestanten ziehen weg.
Erst 1670 setzt Herzog Eberhard III.
wieder einen protestantischen Geistlichen ein. Die Kapelle in Oberndorf
wird zu dieser Zeit nur noch von Ka-

Altardetail

tholiken benutzt. Deshalb erschien es notwendig, sie nach den turbulenten
Zeiten der Mischnutzung neu zu weihen, was 1670 auch geschah.

Für die Seelsorge war weiterhin ausschließlich der Pfarrer in Poltringen zuständig. Das dauerte bis ins 18. Jahrhundert, erst dann bemühten
sich die Einwohner von Oberndorf mit ungewöhnlichen Mitteln um eine
Verbesserung der Situation: Sie drohten der Ortsherrschaft, geschlossen
zum evangelischen Bekenntnis übertreten zu wollen, sollte ihnen kein
eigener Geistlicher zur Verfügung gestellt werden. Obwohl der Poltringer
Pfarrer diesen eindeutigen Erpressungsversuch als Meuterei bezeichnete,
bemühte sich die weltliche Obrigkeit erfolgreich beim Bischof von Konstanz um die Wiederherstellung der alten Kaplanstelle und baute dem
neuen Geistlichen ein neues Haus.

1791 wird Oberndorf schließlich eine eigenständige Pfarrei. Im Ort
lebten zu dieser Zeit etwa 500 Menschen, die in Oberndorf zwar eine
Messe hören konnten, aber für den Empfang von Sakramenten trotzdem weiterhin nach Poltringen laufen mussten. Eine halbe Stunde Fuß-
marsch ist nicht viel. Trotzdem schaffte man es oft nicht mehr, den Pfarrer rechtzeitig für die Letzte Ölung an das Bett eines Sterbenden zu

holen. Außerdem war es sogar vorgekommen, dass neu geborene Kinder im Winter den Weg zur Taufe nicht überlebt hatten.

Eine Besonderheit in jüngerer Zeit ist die konfessionelle Mischnutzung von St. Ursula. Durch die in den letzten Jahren entstandenen Neubaugebiete leben wieder viele Protestanten in Oberndorf, für die St. Ursula auch ihre „Kirche im Dorf" ist, mit der man sich als Oberndorfer identifiziert. Seit einigen Jahren werden in der katholischen Dorfkirche Konfirmationen gefeiert. Ökumene wird heute also wieder genau so pragmatisch und lebendig gelebt wie vor mehr als vierhundert Jahren.

Eine schlichte Kirche für einen kostbaren Altar

Der Kirche merkt man diese Geschichte an. Sie ist außen wie innen relativ schlicht, immerhin war sie bis 1791 nur eine Kapelle. Das Langhaus wurde zwar in neuerer Zeit mehrmals vergrößert, aber es stand bei einer Filialkirche natürlich nie zur Debatte, die Decke einzuwölben oder einen besonders hohen Turm zu bauen. Im Rahmen einer Renovierung 1952 wurden alle Stilelemente entfernt, die nicht zum mittelalterlich-gotischen Stil passten, sodass die Kirche sich seitdem recht schmucklos gibt.

Eine Ausnahme bildet der Chor, der vermutlich um 1430 erbaut worden ist, noch bevor die Vogtsherren Oberndorf mit der Kaplaneipfründe ausstatteten. Das aufwändig gearbeitete Kreuzrippengewölbe endet in sehr schönen und qualitätvollen Schlusssteinen. Zwei figürliche Konsolen, eine Teufelsfratze und ein Männerkopf, vielleicht das Portrait des Baumeisters, runden diese für einen Kapellenchor sehr reiche Bauplastik ab. Bei der letzten Restaurierung im Jahr 1988 wurde auch die Ausmalung der Gewölbefelder wieder freigelegt. Das spiralig gedrehte, feingliedrige Ranken- und Blütenwerk stammt vermutlich aus der Erbauungszeit. Mit seiner zarten, in Grün und Gold gehaltenen Farbigkeit verstärkt es die transparente Eleganz des Chores.

Der Hochaltar in diesem Chor ist eines der bekanntesten Kirchenkunstwerke in der Region. Vermutlich wurde er zu Beginn des 16. Jahrhunderts in einer oberrheinischen Werkstatt angefertigt. Da die sakralen Bildwerke zwischen Rottenburg und Reutlingen um 1500 hauptsächlich von Ulmer Meistern stammten, fällt er als besonders ungewöhnlich auf. Vermutlich haben mehr als drei Schnitzer maßgeblich daran gearbeitet.

Das kann man an der unterschiedlichen Art sehen, in der die Hände der einzelnen Figuren gestaltet worden sind.

Der hölzerne Schnitzaltar steht auf einem steinernen mittelalterlichen Kastenaltar, einer Mensa. Über dieser Mensa befindet sich ein Sockel, die sogenannte Predella, mit Christus inmitten der zwölf Apostel. 1893 wurde nachträglich ein Tabernakel eingebaut, das Bild Christi aus dem Gesamtzusammenhang herausgelöst und auf der Tür angebracht. Das ist fast ein bisschen schade, denn anstatt die Mitte der Gemeinschaft der Jünger zu bilden, trennt das Christusportrait sie nun in zwei Gruppen und fällt selbst aus dieser Gemeinschaft heraus. Wer genau hinschaut, wird feststellen, dass zwei der Apostel auf der rechten Seite den Betrachter anblicken, während die anderen ihre Gesichter Christus zugewandt haben. Einer von diesen beiden sieht Jesus erstaunlich ähnlich, nicht nur die Gesichtszüge, sondern Haar- und Barttracht gleichen der des Erlösers. Es handelt sich um den Apostel Jakobus, der ein sehr naher Verwandter von Jesus gewesen sein soll. Christus selbst hält als Salvator mundi eine Weltkugel in der Hand, auf der eine Landschaft abgebildet ist, die dem lieblichen Ammertal gleicht.

Auf dem erhöhten Mittelteil des Altars bildet eine Marienkrönung das Hauptelement des gesamten Bildprogramms. Maria kniet in der Mitte eines Raumes, der wie eine gotische Kapelle mit Maßwerkfenstern, Gewölbe und Baldachin ausgestattet ist. Christus und der Heilige Vater sitzen ihr zur Seite und setzen ihr gleichzeitig die Krone aufs Haupt. Blicke, Gesten und die Gewandfalten der Figuren streben in einer schwungvollen Bewegung nach oben, die über Maria schwebende Taube als Symbol des Heiligen Geistes unterstreicht diese Ausrichtung gen Himmel.

Zwischen Predella und der Hauptszene sieht man die Büsten von vier Heiligen, von Sebastian, Gregor dem Großen, Laurentius und Paulus. Während Gregor als einer der wichtigsten Päpste und der jüngste Kirchenvater in die Geschichte eingegangen ist, sind die drei anderen den Märtyrertod gestorben. Sie halten ihre Folterwerkzeuge in den Händen und haben den Blick nach oben gewandt. Auffällig sind die sehr ausdrucksstarken und individuell gestalteten Gesichter. Allen gemeinsam ist eine gewisse Entrücktheit, besonders der sehr junge und sehr hübsch anzuschauende Laurentius sieht aus wie ein Bräutigam auf dem Weg zur Hochzeit.

Marienkrönung

In den Seitennischen, die wie der Mittelteil als Kapellen gestaltet sind, stehen links Johannes der Täufer und Johannes Evangelist, rechts Andreas und Petrus, alle leicht zu erkennen an ihren Attributen: dem Lamm, dem Kelch mit der Schlange, dem Schlüssel und dem Andreaskreuz. Von ihnen geht durch Körperhaltung und Gewandung eine starke Dynamik aus.

Über diesem großen, mit reichem Rankenwerk verzierten Schrein erhebt sich das sogenannte Gesprenge aus senkrechten und geschweiften, mit Krabben besetzten Fialen. Krönung, nicht nur in der Gestaltung, sondern auch in der theologischen Aussage des Altares, ist der gekreuzigte Heiland auf der Spitze, flankiert von Maria und Johannes sowie zwei Engeln: Er, der für die insgesamt sündige Menschheit den Tod am Kreuz gestorben ist, ist das Ziel allen menschlichen Strebens.

Das gesamte Kunstwerk ist so kostbar und aufwändig gearbeitet, dass man lange Zeit annahm, es gehörte zum Kloster Bebenhausen und sei in den Wirren der Reformationszeit nach Oberndorf gerettet worden. Das ist aber sehr unwahrscheinlich. Ikonographisches Kernstück des Altars ist die Krönung der Jungfrau Maria durch die Heilige Dreifaltigkeit. Der Altar der Kapelle, die vermutlich erst 1670 die heilige Ursula als Patronin bekam, war im 15. Jahrhundert bereits der Maria und der Dreifaltigkeit geweiht. Es ist also nur logisch, wenn auf dem Altar das Patrozinium dargestellt ist. Außerdem wäre auf einem Altar, der für das Zisterzienserkloster Bebenhausen gestaltet wurde, mit Sicherheit Bernhard von Clairvaux oder zumindest ein anderer wichtiger Ordensheiliger zu sehen, was aber nicht der Fall ist. Zudem fügt sich der Altar so perfekt in den Chorraum ein, dass man schon deshalb annehmen kann, er sei auch für diesen gemacht worden. Und schließlich ist auch die Bauplastik und die Ausmalung des Chorraumes von überdurchschnittlicher Qualität. Warum hätten die Stifter der Kapelle, also die Vogtsherren, zu denen der reiche und fromme Rudolf von Ehingen gehörte, und die Oberndorfer Bürger dann beim Hochaltar Abstriche von ihren ästhetischen Anspruch machen und sich mit einem Schrein von minderer Güte zufrieden geben sollen?

Der besondere Tipp

In der „Sonne", einem Solarzentrum mit Gastronomiebetrieb, feiert der schwäbische Bibelübersetzer und Mundartprediger Pfarrer Rudolf Paul regelmäßig schwäbische Gottesdienste.
Termine finden Sie unter: www.sonne-oberndorf.de

Der breite und der schmale Weg

St. Cyriakus und St. Pankratius in Talheim

Zwei römische Märtyrer mit ungewöhnlichen Namen – in Talheim ist man immer schon lieber in die Bergkirche gegangen, das klingt weitaus weniger sperrig als St. Pankratius und Cyriakus. Und tatsächlich ist diese kleine Kirche auf ihrer Anhöhe weithin zu sehen, so weit, dass man beim Einbau der Kirchturmuhr auf das Ziffernblatt verzichtet hat: Wegen der großen Entfernung würde man sowieso nicht sehen können, wie spät es ist. Deshalb hat die Uhr nur ein Schlagwerk. Die Glockenschläge waren weithin über die Felder zu hören und zeigten den Menschen zuverlässig die Uhrzeit an.

Die Kirche ist etwa 1000 Jahre alt, erwähnt wird sie zum ersten Mal 873. Viele Jahrhunderte lang war sie die Eigenkirche des ansässigen Ortsadels, der Eigentümer und Patronatsherr der Kirche war. Im 14. Jahrhundert waren das die Herren von Andeck, deren ehemalige Burg im Übrigen ein lohnendes Ausflugsziel ist: Auf einem Sporn des Farrenberges oberhalb von Talheim hat man nicht nur eine wunderschöne Aussicht, sondern kann auch die vier Gräben und den Halsgraben erkennen, die die Hauptburg von den Vorburgen trennten. Im Schuttwall der Hauptburg stecken noch die Reste der einstigen Schildmauer. Hier lebten die Schenken von Andeck und die Herter von Dußlingen. 1604 bestand die Burg nur noch aus einem „alt Gemäuer mit Holz verwachsen" und heute braucht man viel Fantasie, um sich vorzustellen, wie der Burgherr Fritz Herter, ein richtiger Raub-

Chor

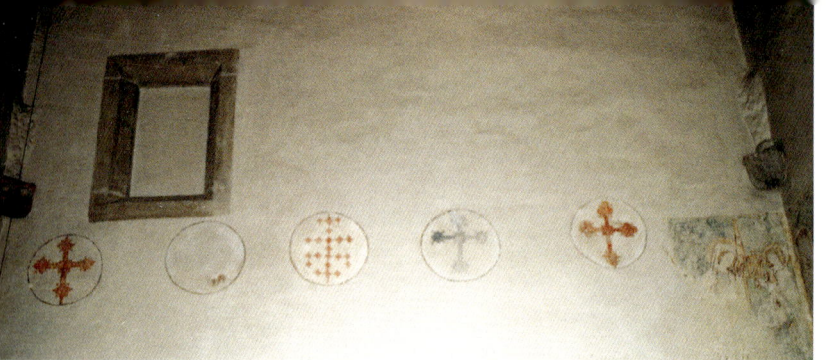

ritter, 1329 einige Rottenburger Bürger gefangen nahm und daraufhin solange von den hohenbergischen Städten Rottenburg und Horb belagert wurde, bis er die Gefangenen wieder freiließ.

Himmelblaue Malereien

Es waren aber auch die Herren von Andeck, auf deren Veranlassung hin die Saalkirche in Talheim im 15. Jahrhundert mit aufwändigen Wandmalereien reich ausgeschmückt wurde. Am Chorbogen und im Chor sind noch einige Reste zu erkennen, die verraten, wie wunderschön die Kirche damals ausgesehen hat: Vor allem der leuchtend blaue Grund muss den Menschen des späten Mittelalters vorgekommen sein wie ein Abglanz des Himmels selbst. Von den Malereien im Chor ist fast nichts mehr zu sehen, nur an der Nordwand, neben den Weihekreuzen unter der zugemauerten Sakramentsnische, befindet sich noch ein kleiner Rest. Die Frauen mit den Laternen in den Händen sind das einzige, was von einem Bild von den klugen und den törichten Jungfrauen übrig geblieben ist.

Im Chorbogen sind vor dem märchenhaften blauen Grund unter eleganten Maßwerkbaldachinen verschiedene Heilige zu sehen. Johannes der Täufer und die heilige Barbara sind an ihren Accessoires, einem Lamm und einer Turmmonstranz sofort zu erkennen. Der Bischof mit Mitra, Buch und Stab soll vermutlich den Bischof von Konstanz darstellen. Konrad Schenk von Andeck und Talheim hatte als Vertreter der Gaukirche am Konstanzer Konzil von 1414–1418 teilgenommen, auf dem nach Jahren der Kirchenspaltung Martin V. zu dem Papst gewählt wurde, mit dem alle Parteien einverstanden waren. Konstanz war in diesen Jahren Mittelpunkt der Kirchenpolitik, die Zahl der Menschen, die in der 5000-Einwohner-Stadt zu Gast waren, schwankt zwischen beeindruckenden 15.000 und fantastischen 72.000. Die Teilnahme an einer solchen Großveranstaltung war sicherlich ein besonderes Ereignis für das Haus Andeck, auf das auf diese Weise angespielt wird.

Nach den Herren von Andeck waren verschiedene andere Ortsadelige für die Talheimer Kirche zuständig, die sich auch dann noch mit verschiedenen Wappenschilden, Epitaphen und Grabmalen verewigten, als das Gotteshaus schon längst keine Eigenkirche, sondern eine Dorfkirche war.

Eine protestantische Wallfahrtskirche

Als 1534 auf Anordnung von Herzog Ulrich in Württemberg die Reformation eingeführt wurde, lud man alle Geistlichen des Amtes Tübingen auf das Tübinger Rathaus ein. In Anwesenheit des damaligen Obervogts wurde ihnen erklärt, worin sich der neue Glaube im Wesentlichen vom alten unterschied. Anschließend wurden sie befragt, wie sie sich jetzt angesichts dieser neuen Lehre verhalten wollten. Der Talheimer Pfarrer Sebastian Stutzenberger erklärte, er wolle auf alle Fälle „bei der alten Religion" bleiben. Damit war seine berufliche Laufbahn beendet, seine Einkünfte wurden eingezogen und er konnte gehen.

Erstaunlicherweise war die Talheimer Bergkirche aber bis Mitte des 19. Jahrhunderts immer auch eine Wallfahrtskirche. Seit 1380 gab es in Talheim ein Gnadenbild, eine Pietà aus Lindenholz und seit 1518 den „Talheimer Altar", einen kunstvoll geschnitzten Flügelaltar mit Maria und den beiden Kirchenheiligen Pankratius und Cyriakus, der katholische Pilger aus den Gegenden um Rottenburg und Hechingen anzog. Dass die beiden Kunstwerke überhaupt noch in der Bergkirche standen, war eine kleine Sensation, denn wäre es nach dem Tübinger Vogt gegangen, hätte der damalige Kirchenherr, ein Eberhard von Karpffen, alle vorreformatorischen Kultgegenstände brav abliefern sollen. Von „etlichen Gezierden, vergülteter Bilder, einem Sacramentshäuslein, gestifteter ewiger Lichter und etlichen Altären" war in einem Schreiben vom Dezember 1559 noch die Rede. Eberhard von Karpffen feierte in Ruhe Weihnachten, überlegte ein wenig und schrieb Anfang Januar 1560 zurück, er hätte alles, was ihm in Talheim gehöre, seiner Frau als Witwengut vermacht und weder er noch seine Söhne könnten daran ohne ihre Einwilligung irgendetwas verkaufen, versetzen oder verändern. Der Beharrlichkeit der „lieben Hausfrau" schien der Tübinger Vogt nichts entgegenzusetzen zu haben. Der Altar blieb bis 1844 in der Kirche. Dann jedoch wurde er an das Haus Württemberg verkauft, er hängt jetzt im Württembergischen Landesmuseum. Zu dieser Zeit ging es den Leuten im Steinlachtal richtig schlecht. Angesichts immer größerer Not wanderten viele Menschen nach Amerika aus. Warum man sich entschieden hat, den Altar zu verkaufen, ist nicht gesichert. Vermutlich brauchte man einfach das Geld und das Bewusstsein, etwas wirklich Wertvolles zu besitzen und dafür auch eine gewisse Verantwortung zu haben, war noch nicht besonders ausgeprägt. Der Altar brachte viel ein, ganze 6000 Gulden. Damit konnte man eine Menge wichtiger Dinge in Angriff nehmen. Zwanzig Jahre später verkaufte der damalige Pfarrverweser die Pietà für nur eine Handvoll Kreuzer an das Schloss Lichtenstein, wo sie sich noch heute befindet. Er wollte ausdrücklich das „Götzenbild" aus der Kirche entfernt haben.

Die Armut der Gemeinde lässt sich noch an manch anderen Einzelheiten in der Kirche ablesen: Zum Beispiel gibt es keine bunten Fenster, die hätte man sich niemals leisten können und der einzige Schmuck in der Kirche sind die verschiedenen Herrschaftsepitaphe, die auf Veranlassung der Adelsfamilien, die das Patronatsrecht innehatten, aufgestellt wurden.

Da passte es gut, wenn man zumindest darauf hoffen konnte, dass die Entbehrungen, die man zu Lebzeiten erdulden musste, einem wenigstens im Jenseits vergolten würden, in dem dann ewige himmlische Freuden winkten. Ein solches Glaubensverständnis liegt dem beeindruckend fantasievollen Andachtsbild von 1707 zugrunde, das in der Talheimer Bergkirche hängt. Ein Berg ist darauf zu sehen. Unten im Tal amüsieren sich prächtig gekleidete Menschen. Mit eisernen Ketten sind sie an ihre sündigen Begierden gekettet, ein gruseliges Höllenwesen hält die Ketten in der Pranke, bereit, die leichtfertigen Sünder in einen finsteren Höllenschlund hinabzuziehen. Wem nützen da noch das gute Essen, die schönen Kleider, die Freuden der Liebe? In der oberen Bildhälfte schleppt eine Schar schlicht gekleideter Menschen riesige Kreuze bergan, Symbole all der Schicksalsprüfungen, die diese braven Gläubigen geduldig

Ein Symbol für den Frieden

zu tragen bereit sind. Die Belohnung winkt im Himmel, wo der Chor der Seligen sie bereits erwartet. Das Bild ist kunstgeschichtlich wenig bedeutsam, aber in all seiner Naivität, Detailfreude und Farbigkeit ein wunderbares Stück Frömmigkeitsgeschichte. Auffallend ist allerdings die „Sprachlosigkeit" des unbekannten Malers angesichts der zu erwartenden himmlischen Kompensationen irdischen Leidens. Während er voller Fantasie Lasterleben und Höllenqualen beschreibt, stehen die Geretteten wie ein Sonntagschor auf dem Gipfel. Für die himmlische Herrlichkeit lassen sich nicht so leicht Bilder finden wie für die Qualen der Hölle. Seligkeit ist eben vor allem Abwesenheit von etwas: von Sorge, von Angst, von Trauer, Leid und Schmerz.

Krieg und Frieden

Der Kirchhof von Talheim ist ein ausgesprochen idyllischer Ort. Die Aussicht ist natürlich grandios, riesige Bäume spenden im Sommer angenehmen Schatten und auf der sonnendurchwärmten Kirchhofmauer lässt es sich wunderbar in den Tag hineinträumen. Kaum vorstellbar, dass dieser friedliche Ort in den letzten Tagen des Zweiten Weltkriegs Schauplatz einer wüsten Schießerei gewesen ist. Eine Handvoll Dorfbewohner wollte nicht wahrhaben, dass der Krieg vorbei und verloren war und beschloss, Talheim sozusagen bis zum letzten Blutstropfen zu verteidigen. Die fanatischsten dieser „Verteidiger" zogen sich bis auf die Anhöhe zurück und wollten von der Kirche aus die Franzosen verdrängen. Rechts vom Eingang hängt ein Familienepitaph, auf dem eine ganze Salve von Schüssen ihre Spuren hinterlassen hat.

Auch die Glocke, die auf dem ehemaligen hinteren Friedhofsteil aufgestellt ist, erinnert an den Zweiten Weltkrieg. Es ist die älteste Glocke der Bergkirche, 1430 wurde sie gegossen. 1942 musste sie als Metallspende für die Rüstungsindustrie abgeliefert werden. 1986 bekam der Talheimer Pfarrer vom Friedhofsamt der Stadt Stuttgart einen Brief: Auf dem Hoppenlauffriedhof in der Stadtmitte stände eine alte Glocke herum, auf der jemand den Vermerk „Gemeinde Talheim" angebracht hätte. Möchte die Gemeinde die Glocke wiederhaben , könne sie diese zum Schrottwertpreis von 1.700 DM kaufen. Zum Läuten könne man sie nicht mehr verwenden, sie habe einen Riss. Niemand wusste, warum ausgerechnet diese Glocke den Krieg überlebt hatte und nicht zu Waffen umgeschmolzen wurde, aber natürlich nahm man das Angebot gerne an und holte die Glocke zurück. Jetzt ist sie mit den in alle vier Himmelsrichtungen weisenden Kreuzigungsdarstellungen und dem Schmuckband mit den Namen der vier Evangelisten unterhalb des Glockenknaufs nicht nur ein besonders schönes Objekt, das uns zeigt, dass Wunder tatsächlich manchmal möglich sind, sondern erinnert mit ihrem Riss auch an die Zerbrechlichkeit und Brüchigkeit des Friedens – gerade an diesem so friedlichen Ort hinter der Talheimer Chorturmkirche.

Der besondere Tipp

Nur wenige Kilometer südöstlich von Talheim, in Melchingen, ist das Theater Lindenhof jeden Besuch wert. Dort, wo die Schwäbische Alb am rauesten ist, erwartet Sie Volkstheater im allerbesten Sinne: www.theater-lindenhof.de

Rätselhafte Steinbilder
und Sonnenkalender

St. Maximin und Johannes in Belsen

D ie Kapelle in Belsen, auch Belsener Kirchle genannt, ist wunderschön gelegen: der Hügel am Albrand erlaubt einen Rundblick
über das ganze Steinlachtal, nur Talheim wird durch den Farrenberg
verdeckt.

Aber selbst wenn man an einem schönen Sommertag den steilen Aufstieg zur Kapelle in Angriff nimmt und es sogar schafft, nicht vom Rad
absteigen und schieben zu müssen, kann man sich ohne weiteres vorstellen, dass dieser erhabene Standort nicht immer nur vorteilhaft für die

Ostwand mit Sonnenloch

Mitglieder der Gemeinde war. Der beschwerliche Weg und das frei stehende, unbeheizbare Gotteshaus machten einen regelmäßigen Kirchenbesuch unmöglich: Von Totensonntag bis zur Feier der Konfirmation im März oder April finden die Gottesdienste deshalb noch heute im Gemeindehaus statt, weil es in der Bergkirche einfach zu kalt ist. Das gab es aber erst seit 1860, vorher wurde der Gottesdienst im Schulhaus gefeiert, wenn man die Kapelle nicht benutzen konnte. Dann stieg die Zahl der Gläubigen sprunghaft an, was an einem äußerst charismatischen pietistischen Pfarrer gelegen haben soll, der in Belsen eine regelrechte Erweckungsbewegung initiierte. Er hatte solch einen Zulauf, dass man sich zum Bau eines ausreichend großen Gemeindehauses entschied. Das war ungewöhnlich, denn Belsen gehörte zu Mössingen und die Bergkapelle war immer nur eine Filialkirche der Peter- und Paulskirche in Mössingen. Erst 1866 wurde sie eine eigenständige Pfarrkirche.

Richtig gefährlich waren im Winter vor allem die Leichenzüge: Bis in die 60er-Jahre wurden die Särge mit einem Pferdefuhrwerk zur Kapelle hochgefahren. Waren die Wege verschneit oder vereist, mussten alle Männer im Dorf mithelfen, um den Wagen am Rutschen zu hindern und so den Verstorbenen sicher zu seiner letzten Ruhestätte auf dem die Kapelle umgebenden Friedhof zu geleiten.

Trotz dieser Widrigkeiten scheint es nie zur Diskussion gestanden zu haben, die Kapelle aufzugeben und dem Verfall zu überlassen. Das wäre auch schade, denn die Kirche ist eine der ältesten romanischen Chorturmkirchen in Baden-Württemberg mit einer dementsprechend wechselvollen und spannenden Geschichte.

Eine der ältesten Kirchen Baden-Württembergs

Belsen selbst wird erst spät, im Jahre 1342, urkundlich genannt, archäologische Funde in der Umgebung legen aber den Schluss nahe, dass der Ort viel älter ist und dass es sich um eine frühere keltische Siedlung handelt: Eine der größten bisher entdeckten keltischen Viereckschanzen Baden-Württembergs liegt südlich von Belsen. Das aus dieser Siedlung entstandene spätmittelalterliche Dorf soll aus sieben Höfen bestanden haben, die sich zu einem kleinen Straßendorf weiter entwickelten, das bis ins 16. Jahrhundert immer weiter wuchs. Die Einführung der Realtei-

lung bedeutete dann, wie für so viele
Orte in dieser Gegend, in der unweg-
same Hanglagen und ständiger Was-
sermangel Landwirtschaft immer
schon schwierig machten, den wirtschaftlichen Niedergang. Die immer
kleiner werdenden Ackerflächen ließen die Bevölkerung verarmen und
im 19. Jahrhundert wanderten viele
Belsener aus.

Schon im 8. Jahrhundert kamen
Missionare aus dem Kloster Lorsch
an der Bergstraße, zwischen Mann-
heim und Darmstadt, nach Mössingen und christianisierten die Bevölkerung. Vermutlich erhielt das
Kloster umfangreiche Güterschen-
kungen, unter anderem den Grund
und Boden zur Erbauung einer Ka-

Die enge Pforte

pelle an dieser landschaftlich exponierten Stelle. Um 1100 konnte Lorsch
seinen umfangreichen Verwaltungsaufgaben im Steinlachtal nicht mehr
nachkommen und schenkte deshalb dem Kloster Hirsau, zu dem enge
freundschaftliche Beziehungen bestanden, zahlreiche Liegenschaften.
Die Kirche in ihrer heutigen Form ist wohl schon vor 1150 auf den Fundamenten der frühchristlichen Lorscher Vorläuferkapelle erbaut worden.
Im 1160 erschienenen „Codex Hirauginensis" wird sie mit 16 anderen
Kirchen erwähnt, die zum Kloster Hirsau gehörten. In dieser Zeit erlebte das Benediktinerkloster im Nordschwarzwald eine wirtschaftliche
und geistige Blüte und entwickelte einen Architekturstil, der als Hirsauer
Bauschule in die Geschichte eingegangen ist und der noch heute in einigen Kirchen der Region zu erkennen ist.

Typisch für diesen Baustil sind zum Beispiel die Kapitellsäulen in der
Vierung oder die Rauten- und Sonnenmotive an den Tympana, also den
Rundbögen über den Eingangstüren und auf dem Fries in der Kirche,
das die Wand zwischen Langhaus und Vierung schmückt. Die Belsener
Kapelle ist den beiden Heiligen St. Maximin und Johannes geweiht. Die

beiden waren die Schutzpatrone der Stadt Trier und gelangten vermutlich mit dem jungen Trierer Erzbischof Udo von Nellenburg nach Belsen. Dieser befand sich im Gefolge Heinrichs IV., der nach seinem Gang nach Canossa 1078 die Stadt Tübingen belagerte. Udo von Nellenburg starb während dieser Belagerung.

Von der ursprünglichen Form der Kirche von 1150 sind nur noch einige Reste vorhanden. Chor und Turm wurden im Laufe der Zeit verändert, die Fenster vergrößert, das Dach schräger gestellt. Die kleinen romanischen Rundbogenfenster wurden durch große, neugotische Fenster ersetzt. Alle fünf Fenster haben ein unterschiedliches Maß und passen eigentlich nicht so richtig zu der wuchtigen Strenge romanischer Sakralbauten. Nicht nur die Gemeinde wollte mehr Licht: Im Chor befindet sich ein eigens für den Organisten gebautes Fenster von 1872 und auch hinter der Kanzel wurde ein neues Fenster eingelassen.

Ursprünglich waren auf der Nordseite zwei, auf der Südseite drei kleine Rundbogenfenster. Die Asymmetrie ist im Mittelalter Programm: Der Süden ist die Seite des Lebens und der Sonne, der Norden die des Todes und der Dunkelheit. Beides sollte nicht in die Kirche eindringen.

Auch die alte Apsis ist nicht mehr vorhanden, sie wurde im 16. Jahrhundert durch einen spätgotischen, fünfeckigen Chor ersetzt, der in den 60er-Jahren weiß getüncht wurde. Dabei ist eine Inschrift übermalt worden, die sich hinter der Orgel, die im 19. Jahrhundert in den Chor gestellt wurde, befand. Der Maler Michael Schleppe, der 1515 mit der Ausgestaltung des Chores beauftragt war, erinnert die Gemeinde daran, dass ihre Kirche sich an der Stelle einer vorchristlichen Kultstätte befindet:„Ihr wisset, dass ihr Heiden seid gewesen und hingegangen zu den stummen Götzen wie ihr geführt wurdet.“

Geheimnisvoll, alt und rätselhaft

Auch wenn nicht nur bauliche Details im Laufe der Zeit verändert wurden, herrscht in der Belsener Kapelle immer noch eine fast archaische Stimmung. Die vielen Menschen, die seit über tausend Jahren an dieser Stelle gebetet haben, scheinen den Ort aufgeladen zu haben mit spiritueller Energie. Das verleitet leicht dazu, dass hinter jeder baulichen Kleinigkeit ein geheimnisvolles Ritual vermutet wird. Zum Beispiel befindet sich in der wunderschönen Vierung an der rechten Seite eine Vertiefung; vermutlich die ehemalige, vorreformatorische Sakramentsnische. In dieser Vertiefung liegt ein großer Stein mit einem Loch. Da lag es nahe, zu vermuten, dass an diesem Stein in frühchristlichen Zeiten die Opfertiere angebunden wurden. Der eigentliche Verwendungszweck ist jedoch sehr profan: Bis in die 60er-Jahre gab es in der Kapelle keinen Strom. Die Orgel wurde mit einem Blasebalg angetrieben und die Glocken mit Seilen geläutet. Diese Seile hingen vom Glockenturm in die Vierung hinunter. Damit der Wind die Glocken nicht zum Läuten bringen konnte, fixierte der Mesner die Seile mit diesem Stein.

Aber es bleibt genug übrig, um aus der Belsener Kapelle einen einzigartigen Ort in der religiösen Landschaft Württembergs zu machen. Bereits 1899 wurden von dem damaligen Pfarrer Max Duncker im Innenraum der Kirche Grabungen unternommen, die zeigen, dass die Kirche auf wesentlich älteren Fundamenten errichtet worden ist, eben der karolingischen Kapelle, die aus der Zeit der Christianisierung durch die Mönche vom Kloster Lorsch stammte. 1960 wurden vom Landesdenkmalamt Baden-Württemberg Grabungen in Auftrag gegeben, die die Annahmen von Pfarrer Duncker weitgehend bestätigten: Unter der von Hirsau errichteten Kapelle befinden sich die Reste eines Massivbaus aus dem 8. Jahrhundert, vermutlich der ersten christlichen Kapelle im Steinlachtal. Die Kapelle war etwa 8 Meter lang und etwas über vier Meter breit. Sie hatte bereits eine Apsis, deren Reste noch gut zu erkennen sind. Hier soll der Trierer Bischof Udo von Nellenberg bestattet worden sein. Leider konnte man sein Grab nicht mehr finden, aber Teile von Kinderskeletten deuten darauf hin, dass der Kirchenraum als Grabstätte diente. Nachdem die Fundamente ausgegraben und untersucht worden waren, sollten sie auf Wunsch des Landesdenkmalamtes wieder zugeschüttet werden. Die an der Ausgrabung beteiligten Belsener setzten sich dagegen heftig zur Wehr: „Das tun wir im Leben nicht! Wir kippen doch den ganzen Dreck, den wir schubkarrenweise hier herausgeholt haben, nicht geradewegs wieder hinein!" Es wurde ein Förderverein gegründet und auf Spendenbasis der heute zugängliche archäologische Keller geschaffen, um die Fundamente als historisches Dokument der Nachwelt überliefern zu können.

Noch bevor man die Kirche überhaupt betreten hat, versetzen die seltsamen, uralten Reliefs am Westgiebel der Kapelle den Besucher gerade-

wegs in sagenumwobene vergangene Zeiten: Über den Giebel verstreut lassen sich die Köpfe von Widdern, Stieren und Schweinen erkennen, sowie zwei menschliche Figuren, eine direkt über dem Tympanon, die andere ein Stück weit darüber. Diese rätselhaften Bildwerke, die bis auf ein Kreuz alle keine christlichen Symbole sind, weisen darauf hin, dass sie nicht für den Kirchenbau von 1150 angefertigt worden sind. Es handelt sich hier um sogenannte Spolien, also um Steine aus einem Vorgängerbau, vielleicht sogar aus vorchristlicher Zeit, die man in die Westwand des romanischen Kirchenbaus integriert hat. In zahllosen Interpretationsversuchen werden die Steinbilder vor dem Hintergrund der keltischen und römischen Siedlungsepoche mit antiker Symbolik in Verbindung gebracht, man hält sie für einen heidnischen Abwehrzauber oder vermutet, dass es sich bei den beiden menschenähnlichen Gestalten um den kleinen und den großen Baal handelt. Richtig geklärt ist weder ihr Alter, noch ihre Funktion. Aber sie schlagen eine Brücke von dem heutigen Kirchenbesucher zu denen, die lange vor ihm hierher gekommen sind.

Weniger rätselhaft, aber dafür fast noch beeindruckender ist eine Lichtöffnung in der Südostecke der Kirche. In der gut 90 cm dicken Kirchenmauer befindet sich, etwa auf derselben Höhe wie der Bogenabschluss des Durchgangs zum Chor, ein Loch, das sich zur Mitte hin verjüngt. Auch hier war die Funktion des Loches lange Zeit sehr umstritten. Aus dem 19. Jahrhundert gibt es Augenzeugenberichte, die eine wundersame Lichterscheinung beschreiben. Mittlerweile haben Computervermessungen bestätigt, dass es sich tatsächlich um eine Sonnenkalenderanlage handelt. Lage, Größe und Bauweise dieser runden Öffnung machen es möglich, dass das Licht der aufgehenden Sonne während der Tag- und Nachtgleichen im Frühjahr und im Herbst durch dieses Sonnenloch fällt. Damit wurde den Bauern das beginnende Frühjahr und der beginnende Herbst angezeigt. Durch die besondere Form des Sonnenlochs ergibt sich an der hinteren Wand ein kreuzähnlicher Lichtreflex, der vor dem Einbau der Empore im 19. Jahrhundert noch gut gesehen werden konnte. Mit Magie, Zauberei oder Wunder im christlichen Sinn hat dieses Phänomen aber nichts zu tun: Die Mönche des Klosters Hirsau verfügten über ein hohes astronomisches Wissen und der Baumeister war es seiner Ehre schuldig, in jeden Kirchenbau eine Art Probe dieser Kunst einzubauen. Damit ließen sich nicht nur die Gläubigen verblüffen, sondern auch die wunderbare Harmonie des von Gott geschaffenen Universums feiern.

Seit man das Kirchendach schräg gestellt hat, damit das Regenwasser besser abfließen konnte und eine Sakristei an die Kirche angebaut hat, ist das Sonnenloch von außen nicht mehr sichtbar und das Phänomen funktioniert leider nicht mehr.

Nach so viel geheimnisvoller Vergangenheit lässt es sich gut noch einmal über den Friedhof spazieren und den herrlichen Blick auf die Schwäbische Alb genießen. Die einmalige Lage und diese besondere alte Kapelle lohnen einen Besuch allemal.

Der besondere Tipp

Die Bergkirche ist ein guter Startpunkt für eine Wanderung auf die Schwäbische Alb zum Mössinger Bergrutsch: Hier brachen am 12. April 1983 auf einer Fläche von rund 50 Hektar 5 bis 6 Millionen Kubikmeter Gestein ab und rutschten samt Wald und Waldweg in die Tiefe. Mittlerweile ist der Bergrutsch eines der bedeutendsten Geotope in Deutschland, ein beeindruckendes Dokument der Entwicklung der Erde und des Lebens auf ihr.

Alles neu!

Mariä Himmelfahrt in Mössingen

Mössingen ist kein Dorf und eine Seelsorgeeinheit, zu der 6000 Katholiken gehören, ist auch längst keine ländliche Kirchengemeinde mehr. Das war einmal anders und das ist noch gar nicht so lange her. 1939 lebten in Mössingen etwas mehr als 4000 Menschen und bis auf wenige waren alle evangelisch. Wie überall im protestantischen Alt-Württemberg änderte sich die Situation in den 50er-Jahren durch den Zuzug vor allem von Flüchtlingen und Vertriebenen. Die wachsende Zahl der Gottesdienstbesucher führte dazu, dass über den Bau einer eigenen katholischen Kirche nachgedacht wurde. 1954 wurde die erste Marienkirche geweiht. Im evangelischen Mössingen sollten die Katholiken in der Diaspora das Städtebild nicht übermäßig mitprägen, sodass die neue katholische Kirche ganz an den Stadtrand gebaut wurde. Dreißig Jahre später war diese Kirche bereits wieder zu klein. 1988 begann man mit den Planungen für eine neue Kirche. Zunächst wurde daran gedacht,

einfach das bestehende Kirchenschiff zu verlängern. Dann wurde der Gemeinde jedoch ein Bauplatz angeboten und man entschied sich für einen Neubau: Mariä Himmelfahrt steht jetzt mitten im Zentrum von Mössingen, direkt neben dem Rathaus. Sie ist die jüngste Kirche in der Region und wurde am 3. Advent 1994 eingeweiht. Mariä Himmelfahrt ist ein wunderschöner Beweis dafür, dass Kirche immer noch ein zentraler Bestandteil menschlichen Lebens ist und mitten im Alltag dieses Le-

Mariä Himmelfahrt

bens, zwischen Rathaus, Kreissparkasse und Stadtwerken ihren Platz gefunden hat.

Viele Gemeindemitglieder haben sehr an der alten Marienkirche gehangen und taten sich schwer, sich von ihr zu trennen, vor allem, weil klar war, dass sie abgerissen werden würde. Deshalb wurde beschlossen, einige Elemente aus der alten Kirche zu übernehmen und in den Neubau zu integrieren: Die aus Holz geschnitzte Muttergottes, das Kruzifix und der Taufstein, eine kleine Glocke und die Glasrosette über der Eingangstür, die in der neuen Kirche über der Orgelempore hängt. Durch die Wiederaufnahme dieser alten Elemente wird das Bewusstsein wachgehalten, dass die neue Kirche aus der alten erwachsen ist und dass immer noch dieselben Menschen sonntags gemeinsam Gottesdienst feiern.

Eine neue Kirche

Der Grundriss der neuen Kirche ist verblüffend einfach und dadurch besonders stimmig. Bert Perlia, der Architekt der Marienkirche, hat zwei Quadrate übereinandergelegt. Dadurch entsteht ein runder Raum mit einer Achse vom Eingangsportal im Westen zur Altarinsel im Osten. Diese Achse wird durch ein Oberlichtband markiert, welches die Decke aus hellem Holz und filigranen Stahlträgern zum Himmel öffnet. Mariä Himmelfahrt ist also keine Wegekirche, sondern erinnert mit ihrer Raumstruktur eher an ein großes Zelt oder sogar an eine Scheune. Beides sind Assoziationen, die gut zum Christentum passen: Das Zelt als Obdach auf Wanderschaft und Pilgerreise, die Scheune, der Stall als der Ort, an dem Christus geboren wurde. Damit der Kirchenraum aber nicht zum bloßen Versammlungsort wird, sondern die Festlichkeit und Würde des sakralen Raumes behält, bleibt der Altarraum das zentrale Element: Der Kirchenraum ist etwas abschüssig und die Gemeinde versammelt sich in einem Halbkreis um den leicht erhöhten Altarraum. So hat während des Gottesdienstes jeder jeden im Blick, aber die Gemeinde befindet sich noch dem Altar gegenüber in einer gewissen Distanz.

Für die Gestaltung des Altarraumes und der Fenster hat die Gemeinde die zwei jungen Künstler Anja Hajek und Bernhard Huber verpflichtet. Für beide war es die erste größere Arbeit und es entspricht der Aufbruchstimmung und dem Optimismus dieses Kirchenneubaus, zwei

Debütanten die Chance zu geben, ihre Glaubensvorstellungen künstlerisch umzusetzen.

Bei Anja Hajek spielt das Dreieck als Verweis auf die Dreifaltigkeit eine große Rolle. Deshalb hat sie den runden Altarraum mit einem dreieckigen Bodenbild ergänzt, das den Kanon für alle weiteren Gestaltungselemente bildet. So ruht der Altartisch auf dreieckigen Trägerelementen, bei Ambo und Tabernakel spielt das Dreieck als Gestaltungselement ebenfalls eine wichtige Rolle. Der Altar ist aus Granit, Tabernakel und Ambo aus Edelstahl, der mit Verzierungen aus Buntmetall und Halbedelsteinen versehen wurde. Anja Hajek hat sich sehr bewusst für diese Materialien entschieden: Sie sind besonders hart und beständig und strahlen Würde und Distanz aus. Dass sie darüber hinaus wertvoll sind unterstreicht die Wertigkeit, die diesen Elementen beigemessen wird.

Die geometrischen Verzierungen an Ambo und Tabernakel lassen vielfältige Deutungsmuster zu. Der aufmerksame Betrachter wird assoziative Bezüge zu Abendmahl und Auferstehung erkennen können, in den Farben der Halbedelsteine die Farben des Regenbogens als Symbol des Bundes zwischen Gott und den Menschen wiedererkennen oder die segnende Gebärde erhobener Arme in den Metallbögen auf dem Ambo. Die Gestaltung dieser beiden Orte liturgischen Geschehens ist somit ästhetischen Kriterien verpflichtet, lädt aber gleichzeitig zur Meditation ein.

Abstrakt und festlich

Das Kreuz ist vor allem für eine katholische Kirche ungewöhnlich und wurde von den Gemeindemitgliedern zunächst nur zögerlich akzeptiert: Es ist ebenfalls aus Edelstahl und hat keinen Korpus. Stattdessen deuten geschliffene Steine die Wundmale Christi an und lassen den Körper allenfalls erahnen. Die Präsenz des Gottessohns zeigt sich damit sozusagen nicht auf den ersten Blick, sondern im Verborgenen, im Nachdenken, in der Intuition, also im Betrachter selbst. In einer Zeit, in der wir täglich und überall von immer mehr, immer drastischeren und immer bunteren Bildern überflutet werden, ist diese abstrakte, nur andeutende Gestaltung des Altarraums von einer wohltuenden Ruhe und Introvertiertheit.

Die Oberlichtverglasung, die Rosetten und die Fenster auf der Süd-
und Nordseite, die von Bernhard
Huber angefertigt wurden, brechen
die Wandflächen auf und verleihen
dem Raum mit ihrer Farbigkeit eine
festliche und warme Atmosphäre.
Die Technik, in der die Fenster gestaltet wurden, ist ungewöhnlich. Es
handelt sich nicht um Mosaike, sondern um verschiedene Schichten aus
Glas, die ineinander übergehen. Wie
Anja Hajek lässt auch Bernhard Huber dem Betrachter eine große in-
terpretatorische Freiheit. In der
Oberlichtverglasung wird in unge-
genständlicher Weise die Aufnahme
Marias in den sich öffnenden Him-

Altarraum

mel thematisiert. Aber auch hier ist alles nur angedeutet, ein Frauengesicht ist gerade noch erkennbar, die Farben Rot, Gelb und Blau erinnern
an marianische Symbolik. Huber setzt die geometrischen Grundformen
Kreis, Dreieck und Quadrat immer wieder ein, sodass die Architektur,
die Gestaltung des Altarraums und die der Fenster miteinander kom-
munizieren. Formen und Farben der Fenster verdichten sich, nicht zuletzt durch das einfallende Tageslicht, das je nach Tageszeit, Jahreszeit
und Wetter anders ist, zu immer neuen, sich ständig verändernden Glas-
landschaften.

Vor allem mit der Oberlichtverglasung gelingt dem Künstler eine Art
Diffusion von Innen und Außen. Das Oberlicht öffnet das Dach zum
Himmel und lässt gleichzeitig den realen Himmel mit seinem Tageslicht
durch die durchsichtigen Glasflächen eindringen. Der gemalte Himmel, in
den Maria aufgenommen wird und der Himmel über Mössingen können
miteinander in einen Bezug treten. So wie hier Realität und Abstraktion
miteinander korrespondieren können, so bewegt sich auch das menschliche Leben zwischen Ideal und Wirklichkeit wie zwischen zwei Polen, die
sich manchmal anzuziehen und manchmal abzustoßen scheinen.

Marienfenster

Das dritte die Atmosphäre der Kirche mitbestimmende Element ist der von Heinrich-Maria Burkard im Jahre 2001 angefertigte Kreuzweg. Ursprünglich war so ein Kreuzweg von dem Architekten und den Künstlern nicht vorgesehen. Die Arbeiten von Bert Perlia, Anja Hajek und Bernhard Huber waren so eng aufeinander abgestimmt, dass weitere Elemente nicht nötig erschienen. Aber eine katholische Kirche ohne einen Kreuzweg, der daran erinnert, dass Gott freiwillig mit uns durch das Dunkel geht, bis es licht wird, war für viele Gemeindemitglieder nicht vollständig. Heinrich Maria Burkard ist Pfarrer und hatte an vielen Gottesdiensten in der Mössinger Marienkirche teilgenommen. Auf der Basis dieser Vertrautheit mit dem Kirchenraum und seiner Gemeinde entstand ein ungewöhnlicher Kreuzweg, bei dem die klassischen Stationen durch heutige Leidenssituationen dargestellt werden: Krieg und Zerstörung, Verletzung der Menschenwürde, der gedankenlose Umgang mit der Schöpfung, aber auch die Hoffnung auf Hilfe und Zuversicht werden den Etappen auf dem Weg nach Golgatha wie eine Folie unterlegt: Burkard benutzt dafür Fotos, die zum Beispiel einen Flugzeugbomber über Palästina zeigen, das geklonte Schaf Dolly, einen gefallenen Soldaten oder einen entblätterten Wald. Die Bilder wurden auf quadratische Holzplatten geklebt und dann mit Schwamm und Pinsel übermalt. Die Farben Blau, Rot und Gold nehmen die der Fenster wieder auf und unterstreichen deren symbolische Bedeutung in der christlichen Kunst: So wie in der Oberlichtverglasung ein Frauengesicht angedeutet wird, sind auch hier die Bildmotive unter der farblichen Ausgestaltung nur schwach zu erkennen. Allerdings haben viele Stationen durchaus auch etwas Plakatives, etwa die sich um das Kreuz rankende DNA-Spirale, die roten Abdrücke blutiger Hände oder ein Porträt Marias, das sie in der Tracht einer Schwester des von Mutter Teresa gegründeten Ordens der Missionarinnen der Nächstenliebe zeigt, konterkarieren ein wenig die Distanz und Zurückhaltung, die vor allem im Kruzifix und der übrigen Altarausstattung zu spüren ist.

Trotz der Liebe zu ihrer alten Marienkirche wurde Mariä Himmelfahrt von der Gemeinde gut angenommen. Ihre zentrale Lage inmitten des neuen Stadtzentrums lädt die Menschen ein, auch tagsüber immer wieder die Kirche aufzusuchen, um innezuhalten, zu beten, um eine Kerze anzuzünden. Mit seiner Offenheit und Ruhe kommt der Kirchenraum den Menschen entgegen und die einzelnen Elemente des gestalterischen Konzepts laden zum Meditieren ein. Mariä Himmelfahrt ist eine Kirche, die keine bestimmte Denkrichtung im Glauben vorschreiben will, sondern dem Einzelnen die Freiheit lässt, sein Verhältnis zu Gott selbst und immer wieder neu auszuloten.

Der besondere Tipp

Wer mit Kindern unterwegs ist und/oder vom Radeln genug hat, kann im Mössinger Freibad mit Riesenrutsche, Minigolfbahn und schönster Aussicht auf den Albrand wunderbar spielen und entspannen.

Leben mit Turm

St. Mauritius in Ofterdingen

Auf den ersten Eindruck überrascht die Anlage der Ofterdinger Kirche St. Mauritius, ohne dass der Besucher zunächst sagen könnte, warum. Es scheint etwas zu fehlen. Die Kirche liegt offen inmitten von Gärten, Plätzen und Häusern, mitten im Dorf, gleich neben der Stadtbücherei. Erst beim Vergleich mit anderen ihrer Art, mit den Gotteshäusern in Kirchentellinsfurt, Talheim, Weilheim, Belsen und anderswo stellt man fest, was anders ist: Es ist wirklich diese ganz offene Lage, ohne Mauer und vor allem ohne den sonst überall üblichen Kirchhof.

Der Kirchhof fehlt, weil die Ofterdinger ihre Toten auf dem Berg bestatten, auf dem bis Mitte des 16. Jahrhunderts auch die Dorfkirche stand. Die Bebenhäuser Zisterzienser beginnen 1522 damit, das Langhaus der Kirche zu bauen. Auf dem sehr schönen Wappenstein über dem Nordportal wird der 10. Juni des Jahres 1522 als Datum des Baubeginns festgelegt. Den Juni nannte man im Mittelalter den Brachmond, weil dann die Wiesen gemäht wurden. Darüber sieht man das Wappen des Klosters Bebenhausen und das des Abtes Johann von Fridingen, der zu dieser Zeit dem Kloster vorstand. Er galt als besonders „bauwütig" und verfolgte damit eine eine zielgerichtete religionspolitische Absicht: Zu Beginn des 16. Jahrhundert wurden die ersten kirchenkritischen Stim-

St. Mauritius

men laut, begannen Nachrichten von einer „Neuen Lehre" die Runde zu machen, die ein paar Jahre später zur Reformation führen sollte. Schon Anfang der 1520er-Jahre bekannten sich viele Menschen offiziell zu den Ideen Martin Luthers und seiner Mitstreiter. Johann von Fridingen schien regelrecht gegen die Reformation anbauen zu wollen. Die von ihm in Auftrag gegebenen Kirchen sollten sichtbare Zeichen der allein selig machenden Kirche werden.

In Ofterdingen ist ihm das nicht gelungen. Nur zwei Monate nach der Kirchweihe setzte sich der katholische Priester ab und Ofterdingen wurde eine protestantische Gemeinde. Vermutlich waren nur die allerersten Gottesdienste in dieser Kirche katholische Messen.

St. Moritz

Mit der früheren Bergkirche, die abgerissen und aus deren Steinen die Zehntscheuer gebaut werden sollte, verbindet St. Mauritius aber einiges. Zunächst waren beide Kirchen demselben Heiligen geweiht, eben dem heiligen Mauritius.

Mauritius war Oberst einer römischen Legion aus Afrika, der Ende des 3. Jahrhunderts am Krieg gegen die Gallier beteiligt war. Vor einer Schlacht im Rhonetal sollte er den Göttern des Kaisers Diokletian opfern. Als getaufter Christ weigerte er sich natürlich. Daraufhin wurde jeder zehnte Mann seiner Legion hingerichtet. Mauritius blieb standhaft und so wurde die komplette Mannschaft umgebracht, zuletzt Mauritius selber. Angeblich sind alle 6666 Mann im unteren Wallis begraben. Der Ort wurde ziemlich schnell eine Wallfahrtsstätte, die Gläubige aus aller Herren Länder anzog. 515 wird die Abtei St. Maurice gegründet, die, an mehreren wichtigen Handelswegen gelegen, sehr einflussreich wird.

Die Mauritiusverehrung im Südwesten hat ihren Ursprung in einer Wallfahrt, die der Bischof Ulrich von Augsburg, ein gebürtiger Dillinger, nach St. Maurice unternahm. Er brachte von dort Reliquien mit und begründete den Mauritiuskult in der Region.

Weil Mauritius, der auf Deutsch Moritz heißt, aus Afrika stammt, wird er meistens mit dunkler Hautfarbe dargestellt. Das Wort „Mohr" leitet sich von seinem Namen ab und in vielen Dörfern der Region gibt es Wirtshäuser, die „Zum Mohren" heißen und so an den Heiligen erinnern. Aber nicht nur wegen seiner Hautfarbe ist er leicht zu erkennen, sondern auch, weil er fast immer wie ein römischer, bewaffneter Soldat gekleidet ist. So auch auf einem der Schlusssteine im Chor der Ofterdinger Kirche sowie auf dem sogenannten Mauritiusstein, einer Spolie aus der früheren Bergkirche, die 1956 beim Teilabbruch der alten Zehntscheuer geborgen werden konnte und der jetzt unter dem Tauffenster zu finden ist. Hier wird St. Moritz mit Ritterrüstung, Lanze und Schild dargestellt. Außer einer weiteren Spolie, einem Stein mit einer Engelsfigur, ist er der einzige Überrest der ehemaligen Pfarrkirche auf dem Berg. Trotzdem lässt er Rückschlüsse auf deren Aussehen und deren Erbauungszeit zu. Die Form des Schildes, den der Heilige im Arm trägt, erinnert an eine sogenannte Tartsche. Das ist ein nur den Oberkörper deckender Schild mit einem seitlichen Randausschnitt zum Einlegen der Lanze. Die Form dieser Tartsche war besonders im 15. Jahrhundert gebräuchlich. Deshalb ist anzunehmen, dass die Bergkirche gar nicht so viel älter ist als der Bau in der Dorfmitte, sondern in der Spätgotik, also in der zweiten Hälfte des 15. Jahrhunderts erbaut wurde. Dafür spricht auch die Form des Steins selber. Obwohl er stark abgenutzt ist, kann man den Rest einer Konsole erkennen: Der Stein trug wohl die Gewölberippe eines vieleckigen Chores.

Das Paradiesgärtlein der frommen Frauen

Bei der Bergkirche lebte eine Beginensammlung. Beginen sind Frauen, die in einer religiösen Gemeinschaft zusammenleben, ohne einem Orden anzugehören. Entweder war der Orden nicht mehr bereit, weitere Frauen aufzunehmen, weil es nicht mehr ausreichend Priester gab, die die seelsorgliche Betreuung der Ordensschwestern hätten gewährleisten können oder den Frauen fehlte das Geld, das nötig war, um einem Orden beizutreten. Außerdem gab es immer wieder Frauen, für die ein Leben in der Nachfolge Jesu nicht in kontemplativer Askese bestand, sondern in tätiger Nächstenliebe. 1474 wird diese Beginensammlung, die später in ein Franziskanerinnenkloster umgewandelt wurde, zum ersten Mal erwähnt. Noch heute erinnern Ortsbezeichnungen wie Nonnenweg oder Nonnenbrunnen an diese frommen Frauen. Vermutlich haben die Schwestern für ihren Lebensunterhalt in der Krankenpflege und im Textilhandwerk

gearbeitet und waren für die Pflege von Friedhof und Kirche zuständig. Auch besaßen sie ein wenig Grundbesitz, den sie verpachteten und auf dem Landwirtschaft betrieben werden konnte, ganz arm waren sie also nicht. Nach der Reformation zogen die Nonnen weg, die Bergkirche verlor ihre Funktion als Klosterkirche und verwaiste vollends nach der Fertigstellung der Kirche im Tal.

Das sehr schöne Chorgestühl der Franziskanerinnen wurde nach Abbruch der Bergkirche in die neue Kirche gebracht. An manchen Sitzen befinden sich noch sogenannte Misericordien, das sind Stützen, an

Disteln im Paradies

die man sich anlehnen konnte, um so die langen Stundengebete halb sitzend, halb stehend zu verbringen. Die sehr schönen und sehr kunstvoll gearbeiteten Flachreliefschnitzereien zeigen Blumenornamente und fischähnliche Fabeltiere. Wahrscheinlich hat der Künstler Delfine abbilden wollen, die als Symbole für die Weisheit und für die Musik gelten, hatte aber nur sehr unklare Vorstellungen von dem tatsächlichen Aussehen dieser Tiere.

Auch die wunderschöne Rankenmalerei im reichen Netzgewölbe des Chores nimmt ein wenig Bezug auf die frommen, heilkundigen Frauen neben der Bergkirche. Die Pflanzen, mit denen der untere Chorbereich in zarten Farben und filigranen Formen ausgemalt ist, sind allesamt Heilpflanzen, fast eine kleine Flora dessen, was in der Region wuchs und gegen alle möglichen Beschwerden Linderung verschaffen konnte. Solche gemalten Herbarien sind in den Kirchenräumen des 16. Jahrhunderts nichts Ungewöhnliches, ließ sich doch auf diese Weise die Vielfalt und Weisheit göttlicher Schöpfung auf die unmittelbare Lebenswirklichkeit der Menschen beziehen. Die abgebildeten Pflanzen waren dem Betrachter vertraut und gleichzeitig eine Anspielung auf den Garten des Paradieses. Im Ofterdinger Paradiesgärtlein wächst neben symbolischen Heilpflanzen

Turmkapelle

wie der Rose der Maria vor allem für den schwäbischen Bauerngarten Typisches wie Brombeeren oder Malven. Aber auch eine Distel gehört zur himmlischen Herrlichkeit. Ihre Darstellung ist sogar besonders gelungen.

Natürlich hat St. Mauritius in ihrer fast 500-jährigen Geschichte unzählige Umbauten und Veränderungen erfahren. Je nach Größe der Gemeinde wurden immer wieder neue oder größere Emporen eingebaut. Die ursprüngliche Holz-Kassettendecke wurde im 19. Jahrhundert durch eine Gipsdecke ersetzt, weil durch die Spalten und Astlöcher der Holzdecke ständig Dreck vom Dachboden, auf dem Vorräte gelagert wurden, den Gemeindemitgliedern aufs Gesangbuch rieselte. Die Kanzel aus Sandstein mit dem gedrehten Fuß stammt zwar noch aus der Gotik, sie bekam aber eine neue Treppe, weil sie früher nur von der Sakristei aus zugänglich war und die Evangelistensymbole am Kanzelkorb sind eine Arbeit aus den 30er-Jahren des 20. Jahrhunderts. 1601 wurde der gesamte Kirchenraum mit farbigen Renaissancemalereien versehen, die im 20. Jahrhundert wieder übertüncht wurden, um der Kirche ihr ursprüngliches gotisches Aussehen zurückzugeben. Im Chorraum gibt es unter dem weißen Putz noch mittelalterliche Fresken, deren Bestand erhoben ist, aber aus Kostengründen können sie zur Zeit nicht freigelegt werden. Hauptaufgabe bei allen notwendigen Renovierungen ist es, die Ausstattungsgegenstände aus der Gotik und aus der Barockzeit harmonisch miteinander zu verbinden. Wenn eine Kirche so lebendig bleiben soll wie die Menschen, die sie besuchen, dann muss man zulassen, dass sie dem Wandel der Zeiten ausgesetzt ist. Im Kern bleibt sie immer dieselbe. Dieser entspannte Umgang mit historischer Bausubstanz macht es aber auch möglich, dass in einer solchen Kirche moderne sakrale Kunst ihren Platz findet. Das neueste

Ausstattungsstück von St. Mauritius ist das sehr schöne Tauffenster, das seit 1987 die Kirche schmückt und in dem verschiedene Elemente der Tauftheologie und biblische Geschichten, in denen das Wasser eine zentrale Rolle spielt auf schöne Weise zusammengestellt sind.

Winkelmessen und die Obere Hölle

Besonders wichtig sind in der Mauritiuskirche auch die Nebenräume, der Turm mit der Turmkapelle und die Sakristei. Die Sakristei ist ziemlich groß und wie der Chor ebenfalls eingewölbt. Der ganze Raum ist mit grautönigen architektonischen Formen ausgemalt, früher war die ganze Kirche mit dieser Grisaille-Malerei aus der Renaissance geschmückt. Vor der Reformation wurden hier sogenannte „Winkelmessen" mit weniger als fünf Leuten gefeiert. Damals wurde jeden Tag eine Messe gefeiert. Da konnte natürlich nicht immer die ganze Gemeinde anwesend sein und nur für den Pfarrer und den Sakristan lohnte es sich nicht, die ganze Kirche zu heizen. Auch die Beichte wurde in der Sakristei abgenommen und manchmal wurde dort auch getraut. In der Ofterdinger Sakristei ist noch eine kunstvolle, in Stein gehauene und in die Außenwand eingelassene Waschnische vorhanden, in der der Priester sich vor der Messe die Hände wusch. Eine Sakristei ist eigentlich ein sakraler Raum, eine besondere Kapelle, auch wenn sie heute oft nur noch als Abstellkammer und als Umkleideraum für Chor und Orchester dient. Das Bewusstsein für die Würde solcher Orte geht dabei immer mehr verloren.

Der Kirchturm ist mit seinen 45 Metern ungewöhnlich hoch und sicherlich das imposanteste mittelalterliche Bauwerk im Steinlachtal. Er ist etwa hundert Jahre älter als die Kirche und diente dem Geschlecht der Herter von Dusslingen als Wehrturm. Das gleichmäßige Quaderwerk wird durch Gesimse in vier Stockwerke unterteilt, das Dach ist mit steigenden Zinnen, sogenannten Fialen, gekrönt, die den Turm eher wie ein militärisches als wie ein religiöses Bauwerk aussehen lassen. Die hohen Schallfenster des Glockengeschosses wurden 1522 im Rahmen des Kirchenbaus hinzugefügt. Typisch für einen Bergfried sind der hochgelegene Eingang, den man nur über eine Leiter betreten konnte, die bei Gefahr hochgezogen werden konnte und die extrem schmale Treppe, die von einer einzelnen Person versperrt und gesichert werden konnte. Der Turm hat ein Untergeschoss, das von der Kirche aus betreten werden kann. Es handelt sich um einen Raum mit etwa 2 m dicken Mauern, Netzgewölbe und Maßwerkfenster. Ein steinernes Ausgussbecken wie das in der Sakristei und eine verschließbare Wandnische, die als Tabernakel gedient haben könnte, lassen vermuten, dass der Raum zu religiösen Zwecken angelegt wurde und nicht einfach nur ein Vorratsraum oder sogar ein Verlies gewesen ist. Lange Zeit diente er als Glockenhaus, heute wird er für Andachten benutzt und dementsprechend Turmkapelle genannt.

Hat man die Wendeltreppe, die heute zum ursprünglich in acht Meter Höhe gelegenen Eingang führt und die erst später in die Wand eingebrochen worden ist, und die schmale Ein-Mann-Treppe erklommen, betritt man den Raum, in dem die Seile zum Läuten hingen. Weil es dort im Sommer furchtbar heiß und das Läuten körperlich durchaus anstrengend ist, nennt man ihn die „Obere Hölle". Durch das Fenster kann man bis zum Friedhof auf dem Berg sehen und so bei Beerdigungen auf den Glockeneinsatz warten. Damit das auch klappte, soll es sogar Signalvereinbarungen gegeben haben, bei denen weiße Taschentücher zum Einsatz kamen. Trotz der harten Arbeit und der ungünstigen klimatischen Bedingungen war das Glockenhaus bei den Läutebuben sehr beliebt: An den Glockenseilen konnte man hochklettern und daran schwingen. Glaubt man den Erzählungen alter Ofterdinger, müssen sie es bis zur Zirkusreife gebracht haben.

Zwei der Glocken, die in dem noch originalen Glockenstuhl hängen, stammen aus den Anfangszeiten der Kirche. Eine von ihnen musste im 2. Weltkrieg als Rüstungsspende abgegeben werden, kam aber sozusagen als Kriegsheimkehrerin wieder zurück.

Natürlich hat man durch die Fenster im Glockenhaus und der Turmspitze eine beeindruckende Aussicht. Mit den Türmen von Dusslingen und Mössingen bildet der Ofterdinger Kirchturm sogar eine Meldelinie durch das ganze Steinlachtal – vergleichbar mit der Feuerkette von Gondor im „Herr der Ringe", wie Konfirmanden gerne erklärt wird.

Der Kirchturm von Ofterdingen ist heute aber mehr als ein beeindruckendes Baudenkmal oder der Aufbewahrungsort für die Kirchenglocken. In den letzten Jahren ist er immer mehr zum Lebensraum für Tiere geworden, für die ein Kirchturm die idealen Lebensbedingungen bietet. Im ehemaligen Turmverlies haust mittlerweile eine ganze Kolonie

Fledermäuse, in den Schießscharten haben Mauersegler ihre Nester gebaut und der Turm ist das Zuhause eines Falkenpärchens geworden. Für ihr Projekt „Lebensraum Kirche" hat die Gemeinde vom NABU bereits eine Auszeichnung bekommen. Mittlerweile gibt es am Falkenhorst eine Webcam, die das Bild vom Horst auf einen Bildschirm im Fenster der neben der Kirche angesiedelten NABU-Geschäftsstelle überträgt, sodass man zuschauen kann, wenn im Frühling die Falkenjungen schlüpfen, von ihren Eltern geatzt werden und schließlich flügge werden.

Glockenturm

Der besondere Tipp

Schauen Sie sich bei einem Besuch in Ofterdingen auch das sogenannte Ofterdinger Schneckenpflaster an: Im Bachbett der Steinlach entlang der Kriegsstraße kann man riesige fossile Ammoniten und Austernmuscheln sehen, die unter Naturschutz stehen.

Drachenköpfe und Tempelritter

St. Johannes Baptist in Hemmendorf

Die Kirche in Hemmendorf am Fuße des Rammerts im Krebsbachtal wurde im letzten Viertel des 15. Jahrhunderts gebaut. Der sehr harmonisch proportionierte Raum mit der flachen Holzdecke strahlt mehr „mittelalterliche" Atmosphäre aus, als viele andere spätgotische Kirchen, die in dieser Zeit in der Region entstanden sind.

Seit Mitte des 13. Jahrhunderts gehörte das Dorf dem souveränen Orden des Hl. Johannes vom Spital zu Jerusalem. 1258 wird die Niederlassung der Johanniter, die sogenannte Kommende, zum ersten Mal erwähnt: In dieser Zeit expandierte der Orden beträchtlich und kaufte zahlreiche Liegenschaften, um Filialhäuser und Kommenden zu errichten. Hemmendorf gehörte zuvor dem Kloster Hirsau, dem die Johanniter den Besitz abkauften, und war vermutlich bereits im frühen Mittelalter besiedelt. 1100 wird der Ortsname zum ersten Mal erwähnt: Einer der Ortsherren, Hug von Hemmendorf, unternimmt in diesem Jahr eine Reise nach Jerusalem. 1281 kam der erste Komtur, ein adliger Verwalter des Ordensbesitzes, nach Hemmendorf. Seitdem prägte die Johanniterkommende das dörfliche Leben der Gemeinde, denn sie besaß nicht nur das Dorf mit allen Rechten, sondern auch die Gerichtsbarkeit über Leben und Tod.

Mönche und Krieger

Die Johanniter waren ursprünglich eine Laienbruderschaft, die in Jerusalem Arme versorgte und Kranke pflegte. 1155 wurden sie vom Papst zum zweiten kämpfenden Ritterorden erhoben. Ritterorden entstanden zur Zeit der Kreuzzüge: 1095 rief Papst Urban II. zum ersten Kreuzzug auf, um Jerusalem und andere heilige Stätten der Christenheit von den Muslimen zu befreien. Seit 1099 befand sich das Heilige Land in der Hand der Christen. Nach dem ersten Kreuzzug gründeten angeblich neun Ritter, alles tiefreligiöse provenzalische Adlige, den Orden der Tempelritter, der eine Art Schutzmiliz für Reisende nach Jerusalem bilden sollte. 1128 wurde dieser Orden auf dem Konzil von Troyes kirchlich bestätigt und erhielt seine Ordensregeln. In den Tempelrittern schmolzen Mönch und Krieger zu einer Person zusammen. Der religiöse Ritterorden sollte dem heruntergekommenen Rittertum wieder Aufschwung geben. Es gibt viele abstruse Verschwörungstheorien um die Tempelritter. In der gewagtesten Bchauptung wird ihnen der Besitz eines Dokuments unterstellt, das beweist, dass Jesus Christus und Maria Magdalena ein gemeinsames Kind gehabt hätten. Dieses Schriftstück diente angeblich dazu, die Amtskirche zu erpressen. Tatsache ist, dass der Orden sehr schnell zu Ansehen und Reichtum gelangte und bald vom Vatikan mit einer ganzen Reihe von Privilegien ausgestattet wurde: Allein dem Papst unterstellt, brauchten die Tempelritter keine Abgaben zu zahlen und durften Geld verleihen: Aus einer rein militärischen Schutztruppe für Jerusalempilger wurden in der Folgezeit die Bankiers des Vorderen Orients und der europäischen Königshäuser. Am zweiten Kreuzzug 1147 nahmen viele Tempelritter als Stellvertreter für Adlige teil, die selber nicht fahren wollten oder konnten

St. Johannes Baptist

und bereit waren, ihrem „Ersatzmann" beträchtliche Land- und Geldspenden zukommen zu lassen.

1291 fiel mit der Stadt Akkon die letzte Bastion der Christenheit im Heiligen Land, die Kreuzfahrer wurden vertrieben. Damit hatten die Tempelritter, zu denen mittlerweile auch die Johanniter gehörten, ihre Funktion als kämpfende Schutztruppe verloren. Ohne eigentliche Aufgabe, aber unermesslich reich, sah man in ihnen eine Gefahr für die weltlichen Herrscher und begegnete ihnen zunehmend mit Misstrauen. Der Orden wurde von Papst Clemens V. 1312 aufgelöst und die Templer überall gefangen genommen und gefoltert. 1314 starb der Großmeister des Ordens, Jacques de Molay, auf dem Scheiterhaufen. Die Güter der Templer wurden an die Johanniter übergeben, die damit ihre wirtschaftliche Basis weiter ausbauen konnten. Zu den Aufgaben des straff organisierten Ordens, der seinen Sitz erst auf der Insel Rhodos und dann auf Malta hatte, gehörte neben seinen militärischen Pflichten die Verwaltung der Liegenschaften durch Kommenden, wie es in Hemmendorf der Fall war.

In St. Johannes Baptist erinnert ein großes Epitaph an den berühmtesten Hemmendorfer Johanniter, den Komtur Augustin Freiherr von Moersberg und Beffort, der 1605 in Hemmendorf gestorben ist und ein ausgesprochen aufregendes Leben führte. Er stammte aus dem Elsaß und schloss sich dem Johanniterorden an, der zu dieser Zeit auf der Insel Malta residierte und von dort aus einen Dauerkrieg gegen die Türken führte.1587 wurde er Komtur von Hemmendorf, Rexingen, Dorlisheim im Elsaß und St. Johann-Bassel in Lothringen. Dort hielt er sich allerdings kaum auf: Seine Reisen führten ihn in zahlreiche Länder. Auf Sizilien bestieg er den Ätna, in London traf er den berühmten Seefahrer und Piraten Sir Francis Drake zu einem Abendessen. Seinen Lebensabend verbrachte er in Hemmendorf und widmete sich der Aufzeichnung all seiner Abenteuer.

1805 nahm König Friedrich von Württemberg das Territorium des Ritterordens in seinen Besitz. 1807 gehörte Hemmendorf zum Oberamt Rottenburg, 1972 wurde das Dorf nach Rottenburg eingemeindet. Mittlerweile sind die Bauten des zur Komturei gehörenden landwirtschaftlichen Gutes verschwunden, das dreiflügelige Johanniterschloss aus dem späten 18. Jahrhundert dient heute als Schulhaus und Pfarramt. Nur

wenig erinnert noch an den Ritterorden, der früher das ganze Dorf be-
herrschte.

Bauernbarock und Volksfrömmigkeit sucht man in der Kirche vergeblich. Außer einer sehr schönen Anna
Selbdritt fehlen zum Beispiel die
sonst so typischen Bauernheiligen,
wie der heilige Wendelin oder der
heilige Rochus. Die Fenster sind, bis
auf die im Chor, aus einfachem weißen Glas. Auf den hellgrau getünchten Wänden sind auf der Südseite
Reste von Wandmalereien zu sehen.
Diese Schlichtheit ist zum Teil einer
Renovierungsmaßnahme vor etwa 25
Jahren zu verdanken, bei der es gelungen ist, Elemente aus der Renaissance und dem 20. Jahrhundert ge-

Im Chor

schickt in das spätgotische Ensemble zu integrieren. Altar, Ambo und
Tabernakel sind im Rahmen dieser Renovierung neu dazugekommen.
Es ist fast ein bisschen schade, dass das aufwändig gestaltete spätgotische
Sakramentshäuschen im Chorraum dadurch seine Funktion verloren hat
und zu einem bloßen Dekorationsstück geworden ist. Andererseits wird
so eine liturgische Einheit in der Mitte des Chores geschaffen, die die
Erneuerung der katholischen Kirche nach dem Zweiten Vatikanischen
Konzil sichtbar macht.

Wichtigstes Ausstattungsstück ist ein beeindruckendes Fries über dem
Chorbogen, das die Legende von Johannes dem Täufer, dem Namens-
geber des Ordens, zeigt. Die Wandmalerei wurde 1629 von einem Maler aus Dillingen, Klaus Egulo Gassner, angefertigt. Die Gestalt in der
Mitte zeigt Johannes den Täufer als Einsiedler, das Gotteslamm auf dem
Arm tragend. Um dieses Zentralmotiv wird das Leben des Heiligen auf
22 Einzelszenen dargestellt, wobei natürlich nicht nur Episoden gezeigt
werden, die in der Bibel nachzulesen sind, sondern auch solche, die nur
die Legende überliefert hat.

Das Fresko ist ausgesprochen gut erhalten. Bei der Kirchenrenovierung vor 25 Jahren musste kaum restauriert werden. Die Originalfarben sind noch gut zu erkennen und höchstens etwas nachgedunkelt, vor allem das Rot ist einem Braunton gewichen, der dem Fresko eine ruhige Ausstrahlung verleiht.

Das Hemmendorfer Terrakottafries

Der Chorraum, der ursprünglich einmal tiefer gelegen war, was man noch an den Fenstern am Boden gut erkennen kann, ist mit ungewöhnlichen Terrakottafriesen geschmückt. Die Schmuckbänder zeigen Menschen- und Drachenköpfe, letztere mit heraushängenden Zungen und weit aufgerissenen Mäulern. Die Menschen hingegen lächeln den Betrachter an. An einigen Stellen bedrohen die Drachen keine Menschen, sondern Pflanzen. Das Fries besteht aus gebranntem Ton und ist nicht durchgehend an der Chorwand aufgebracht worden, es handelt sich also nicht um eine Stuckatur: Vermutlich wurde der Ton mit Modeln geformt, gebrannt und dann bemalt. Anschließend wurden die einzelnen Elemente aneinandergefügt. Die Farben sind ungewöhnlich kräftig und wirken, als hätte man sie mit einem groben Pinsel aufgetragen. Auch die Formen sind einfach und fast ein bisschen naiv, vor allem wenn man sie mit den filigranen Ornamenten spätgotischen Maßwerks vergleicht oder mit der schlanken Eleganz der Heiligenfiguren dieser Epoche. Das Hemmendorfer Terrakottafries, das den ganzen Chorraum umspannt und wahrscheinlich die Funktion eines Abwehrzaubers gegen alle möglichen bösen Mächte und Gewalten erfüllte, ist dagegen überraschend klobig und wiederholt immer dieselben Motive: Auch das ist erstaunlich, denn die Kunst der Gotik erhebt oft den Anspruch, durch die Vielfalt und Einzigartigkeit der Ornamentik die Vielfalt und Einzigartigkeit von Gottes Schöpfung nachempfinden zu wollen. Zudem hatte die Lust am Monströsen und Grotesken zu dieser Zeit längst der Freude an floralen Mustern Platz gemacht: Das Paradiesgärtlein der Gotik ersetzt das Bestiarium der Romanik. Alles in allem scheint das Fries fast älter und archaischer zu sein als die Kirche selbst: Vielleicht ist das Fries ein Beispiel dafür, dass sich im ländlichen Raum viele Vorstellungen einfach länger hielten und die Baumeister und Künstler weniger innovativ waren.

Terrakottafries

Auf der anderen Seite könnte man angesichts der lebhaften Farbigkeit des Frieses und des ungewöhnlichen Materials schon fast an mediterrane Einflüsse denken, sich vorstellen, der Künstler sei nach Italien gereist und hätte seine Inspirationen von dort mitgebracht. Oder der Auftraggeber des Kunstwerks, der Komtur der Hemmendorfer Johanniterkommende, hätte ein Motiv in Auftrag gegeben, das ihn an seine Reisen durch den Mittelmeerraum erinnern sollte. Jedenfalls passt der ungewöhnliche Schmuck ausgezeichnet in diese Kirche, in der trotz moderner Chorfenster aus den 30er-Jahren und den modern gestalteten liturgischen Orten die Zeit stehen geblieben zu sein scheint.

Der besondere Tipp

Umberto Eco lässt seinen Protagonisten Casaubon in „Das Foucaultsche Pendel" die Geschichte der Tempelritter auf eine Weise erzählen, die jeden Ritterromantiker voll auf seine Kosten kommen lässt. Eine passende Lektüre zum Picknick auf der Fahrradtour!

Barocke Glaubenszeugnisse und die Kunstfertigkeit weiblicher Hände

St. Martinus in Hirrlingen

Ein beliebiger Wochentag, vormittags, im Oktober. Aus der Hirrlinger Pfarrkirche tritt eine Gruppe Frauen auf den sonnigen Vorplatz. Gleichzeitig hält ein Reisebus, die Leute steigen aus, gehen in die Kirche hinein. Das rege Treiben ist kein Zufall, denn für drei Wochen im Oktober verwandelt sich die Martinskirche in Hirrlingen in einen viel besuchten Wallfahrtsort. Allerdings erwartet die Pilger dort kein wundertätiges Gnadenbild und auch der Sebastianspfeil, eine sicherlich sehr wertvolle Reliquie, die sich im Besitz der Kirche befindet, ist nicht das Ziel der Menschen, die teilweise von weither angefahren kommen. Es ist der wirklich außergewöhnliche Erntedankteppich, der seit zwanzig Jahren die Menschen anzieht.

Aus dem Brauch, zum Erntedankfest vor dem Altar Obst und Gemüse, Getreide und Wein als Erntegaben zu dekorieren, hat sich in vielen Gemeinden die Tradition entwickelt, einen Motivteppich aus Samen,

Erntedankteppich

Hülsenfrüchten und getrockneten Blumen und Früchten zu legen, ähnlich den Blumenteppichen an Fronleichnam. In Hirrlingen hat Kläre Hummel mit ihrer Familie und vielen Helferinnen aus der Gemeinde diesen Brauch zu einer meisterhaften Kunstform weiterentwickelt.

Entstanden ist die Idee für den Motivteppich in einem Arbeitskreis, der in den 70er-Jahren die Bastelbazare zur Aufbesserung der Gemeindekasse organisierte. Damals war es Mode, Weihnachtsschmuck aus Samen und Hülsenfrüchten anzufertigen. Kläre Hummel war davon so begeistert, dass sie beschloss, einen Erntedankteppich aus diesen Materialien anzufertigen. Der erste entstand 1979 und war noch ziemlich konventionell, mit vielen Hülsenfrüchten und Obstkernen, ohne ein konkretes Motiv. Im Laufe der Jahre wurde das Projekt immer weiter perfektioniert. Nach einigen Jahren begann die Hausfrau und Mutter in der Mitte des Teppichs ein Bildmotiv auszulegen und stellte sich selbst damit vor neue Herausforderungen. Das Motiv ist jedes Jahr ein anderes: eine Heilige oder ein Heiliger, Maria oder Christus, eine Szene aus der Bibel oder auch ein Thema wie Menschenrechte oder Armut. Manchmal haben die Motive einen direkten Bezug zum Erntedank, manchmal beziehen sie sich auf ein besonderes Ereignis in der Hirrlinger Dorf- und Kirchengeschichte. So zeigte zum Beispiel der Erntedankteppich zum Dorfjubiläum eine Schutzmantelmadonna, unter deren Mantel die Wappen aller Hirrlinger Vereine Obdach fanden. Ihre Vorlagen findet Kläre Hummel in Gemälden, Zeichnungen, Fotos, oft von berühmten Künstlern von Albrecht Dürer bis Käthe Kollwitz. Manchmal kombiniert sie die Vorlagen auch zusammen: Für ein Bild, das den heiligen Franziskus zeigt, wie er den Tieren predigt, suchte sie in Kalendern, Bilder- und Schulbüchern nach Vorlagen für die Tiere, die Gestalt des Franz von Assisi fand sie auf einem Reliquientütchen. 1988 probierte sie zum ersten Mal eine Landschaft als Hintergrund, seitdem sind die Teppiche noch ausdrucksvoller. Um das Mittelmotiv herum liegt ein breiter Rahmen mit geometrischen oder floralen Mustern und Ornamenten.

Ein Teppich aus Samen, Blumen und Früchten

Der komplette Teppich besteht nahezu ausschließlich aus selbst gesammelten, getrockneten und gemahlenen Pflanzen und Samen, nur der Maisgrieß und das Maismehl, das Kläre Hummel für die Gesichter der Figuren benötigt, wird fertig gekauft. Die vielen Farben und Konsistenzen verdankt sie über 200 verschiedenen Pflanzensamen, Blumen und Hülsenfrüchten, die sie und ihre Familie im Laufe des Jahres selber sammeln. Mittlerweile verfügt die Kunsthandwerkerin über eine große Erfahrung im Umgang mit dem natürlichen Material. Samen werden getrocknet, gesiebt und sortiert, Blumen in der Mikrowelle getrocknet, manches wird mit einer alten elektrischen Kaffeemühle gemahlen und einige Samen über Jahre hinweg gelagert, weil sie im Laufe der Zeit die Farbe ändern. Mohn wird mit der Zeit immer heller, eine getrocknete Blume hat oft eine andere Farbe als eine frische, rote Geranien werden zum Beispiel lilafarben. Und natürlich braucht man viele getrocknete Blüten, um ein kleines Töpfchen Farbe zusammen zu bekommen. Für verschiedene Abstufungen derselben Farbe kann man unterschiedliche Samen nehmen, selbst für die Farbe Schwarz stehen zum Beispiel Akeleisamen, Buschnelkensamen und Schnittlauchsamen bereit, alle ein bisschen verschieden in Färbung und Konsistenz. Es ist wirklich überwältigend zu sehen, wie viele unterschiedliche Farbschattierungen die Natur bereit hält.

Für einen Erntedankteppich braucht Kläre Hummel etwa fünf Wochen. Nachdem sie ein Motiv gefunden hat, wird das Bild auf einer Platte vorgemalt. Anschließend streut sie die einzelnen Samen, Pulver und Puder auf. Außer dem äußeren Rahmen, der oft aus Weizenkörnern, Zwetschgenkernen, Kidneybohnen und dergleichen besteht, wird nichts geklebt. Zum Aufbringen der Farben benutzt sie verschiedene lange Pinzetten, Pinsel, kleine Siebe, Schälchen und Puppenlöffel. Das Mittelbild gestaltet Kläre Hummel bei sich zu Hause. Ein paar Tage vor dem Erntedankfest wird das Bild winddicht mit Folie verpackt und von mehreren Männern ganz vorsichtig in die Kirche getragen. Der kleinste Ruck hat stundenlange Reparaturarbeiten zur Folge. Nachdem die Motivplatte aufgelegt und der Rand vermessen und aufgezeichnet ist, wird das Bild von den Helferinnen im Schichtdienst und in mühevoller Kleinarbeit kniend vollendet.

Das Bild, das Kläre Hummel für den Erntedankteppich des Jahres 2008 ausgewählt hatte, zeigt die Rückkehr des 1938 von den Nationalsozialisten aus der Diözese vertriebenen Bischof Joannes Baptista Sproll im

Jahre 1945. Sproll hatte in Tübingen Theologie studiert und war seit 1927 Bischof von Rottenburg. Im April 1938 boykottierte er offen die Volksabstimmung, in der über den Anschluss Österreichs an das Deutsche Reich und über „die Liste unseres Führers Adolf Hitler" zugleich abgestimmt wurde. Vorher hatte Sproll bereits die Politik des Nationalsozialismus offen und deutlich kritisiert. Bischof Sproll wurde aus Rottenburg verwiesen und kehrte erst nach Kriegsende zurück. Die Vorlage für diesen Teppich war ein altes Foto. Um die Mäntel der Männer, die den an Multipler Sklerose erkrankten und deshalb auf Rollstuhl oder Sänfte angewiesenen Bischof trugen,

Bischof Sproll

richtig auslegen zu können, studierte Kläre Hummel sozusagen am lebenden Modell, wie ein Mantel fällt, wenn man sich darin bewegt. Bei der Farbauswahl wurde darauf geachtet, das Bild nicht allzu bunt werden zu lassen, um sich nicht zu weit von der Schwarz-Weiß-Vorlage zu entfernen. So ist der Himmel bedeckt statt wolkenlos, eine Mischung aus Roggenschrot, Kornblume und Sonnenkraut schafft diese besondere Farbe zwischen grau, weiß und blau. Die Gesichter der Männer bestehen aus Paniermehl, Zimt und Sago. Damit erreicht man einen besonders natürlichen Teint. Der Rottenburger Dom und das Bischöfliche Ordinariat wurden natürlich frei in das Bild hineinkomponiert: Es geht Kläre Hummel nicht darum, ihre Bildvorlagen 1:1 umzusetzen, sondern aus ihnen etwas Neues zu schaffen, das der besonderen Technik des Teppichlegens angemessen ist.

Zwei Monate lang dreht sich in der Gemeinde alles um den Teppich. Nachdem er endlich fertig in der Kirche liegt, hält immer jemand Aufsicht, damit niemand das Bild anfasst: Man sieht wirklich den leichtesten Fingerstupps und die Folgen lassen sich nur mühevoll beseitigen. Außerdem möchte man die vielen Fragen der staunenden Besucher beantworten. In den drei Wochen, in denen der Erntedankteppich in der Kirche liegt, geben sich die Menschen wirklich die Klinke in die Hand. Fotografiert werden darf der Teppich natürlich. Dafür hat der Mesner sogar eine Leiter in der Kirche deponiert. Vor einigen Jahren hat Kläre Hummel einen Kalender aus Mexiko geschenkt bekommen, der in einem Weltladen gekauft worden war. In diesem Kalender befand sich tatsächlich das Foto eines ihrer Teppiche! Fotos werden das Einzige sein, was nach Allerheiligen von ihm bleibt. Nach drei Wochen wird er zusammengekehrt. Das findet aber niemand schlimm: Im nächsten Jahr gibt es ja wieder einen neuen! Als die Kinder von Kläre Hummel noch klein waren, haben sie sogar darum gestritten, wer den Teppich kaputt machen darf.

Es ist nicht zuletzt diese Vergänglichkeit, die dem Hirrlinger Erntedankteppich seinen besonderen Reiz verleiht. Die Sammelarbeit während des ganzen Jahres, die intensive Beschäftigung mit all dem, was sich in Gottes Schöpfung an Farben und Formen finden lässt, die liebevolle Auswahl des Motivs und deren unglaublich kunstfertige Ausgestaltung, die Zeit, die darauf verwendet wird, die Freude am gemeinsamen Tun und der berechtigte Stolz auf die erbrachte Leistung, aber eben auch das Wissen um seine Vergänglichkeit machen aus dem Teppich ein anschauliches Zeugnis gelebten Glaubens.

Für den Besucher, der außerhalb der Erntedankzeit nach Hirrlingen kommt, hält die Hirrlinger Pfarrkirche immer noch einiges bereit. Sie wurde 1770 erbaut, es gab aber bereits zwei Vorgängerbauten aus Stein. Hirrlingen ist, wie so viele Orte in der Region, von iroschottischen Wandermönchen christianisiert worden und verfügt seit etwa 1000 über eine eigene, steinerne Pfarrkirche. Sie war die Leutekirche für die Umgebung und zählte zu den ältesten in der Gegend. Die Patronatsrechte lagen abwechselnd bei den Herren von Ow, dem Klarissenkloster Wittichen im Schwarzwald, der Gemeinde und dem Land Württemberg. Die Herren von Ow haben Spuren hinterlassen: So ließ einer von ihnen, Eberhard Ludwig von Ow, sein Herz in Hirrlingen bestatten, es ist heute in der Nordwand der Kirche eingemauert, während sein Leib in Eichstätt beigesetzt ist. Außerdem finden sich überall in der Kirche Epitaphien der Familie.

Lupenreiner Barock

Die Kirche ist im 20. Jahrhundert mehrmals renoviert worden und bei jeder Renovierung wurde darauf geachtet, den ursprünglichen, barocken Zustand so weit wie möglich wiederherzustellen, sodass St. Martin heute eine fast lupenreine Barockkirche ist. Der Baumeister war Christian Großbayer aus Haigerloch (1718–1782). Seine Bauten zeichnen sich durch eine für Barock und Rokoko sehr klare Formensprache aus, die schon in Richtung Klassizismus verweist. Bei St. Martin in Hirrlingen handelt es sich um einen flachgedeckten Saalbau, der innen in drei Baukörper aufgegliedert ist, die klar voneinander geschieden sind: Den Chorraum, das Kirchenschiff und ein Querhaus, das sich zu beiden Seiten in eine Empore öffnet. In ihren Proportionen sind diese drei Raumteile so gut ausbalanciert, dass sie sich eng aufeinander beziehen und eine Einheit bilden. Durch die Idee eines Zentralbaus, bei dem eine Achse als Grundausrichtung erkennbar bleibt, ist Großbayer ein relativ moderner Baukörper gelungen. Volksaltar und Ambo kamen erst 1999 hinzu, passen sich aber sehr gut in den Raum ein.

Der gesamte Kirchenraum ist üppig freskiert, verzichtet aber fast vollständig auf Stuckaturen, wodurch er ebenfalls eine Übergangsposition zwischen Rokoko und Klassizismus einnimmt. Die Bilder, die vor der weißen Raumschale besonders leicht und luftig wirken, stammen von

Gabriel Ignaz Thumb, einem Urenkel von Michael Thumb, dem Begründer der berühmten Vorarlberger Baumeister-Dynastie. In drei großen Deckengemälden und dem Chorfresko, alle umrahmt von kleineren Bildern, entwickelt Thumb ein regelrechtes Universum des Glaubens. In der umfassenden Bildsprache des Barock und Rokoko wird die Geschichte des Ortes mit Frömmigkeitstradition und Heilsgeschichte verbunden. Die zahlreichen Rottöne in den Gemälden und der übrigen Kirchenausstattung verweisen auf den Opfertod Christi. Am Hochaltar

schlagen diese Farben in Grüntöne um, die sich bis in das Deckengemälde erstrecken. Grün gilt als die Farbe der Hoffnung und als Hinweis auf das Paradies.

Verehrung, Anbetung und Schutz sind die Hauptthemen, die auf den großflächigen Rokoko-Malereien inszeniert werden: Die heilige Cäcilia spielt, begleitet von einem ganzen Engelorchester, die Orgel. Bauherren, Ortsherren und die Geistlichkeit von Hirrlingen knien unter einem geöffneten Himmel und bringen den Kirchenneubau der heiligen Dreifaltigkeit zur Ehre dar. Die damals bekannten Erdteile Asien, Afrika, Amerika und Europa huldigen der Gottesmutter Maria. Im Chorfresko schließlich gelingt dem Maler die perspektivisch illusionistische Darstellung einer gewaltigen Kuppel, unter der Jesus mit seinen Jüngern das Abendmahl einnimmt. Mit einem kleinen Trick verbindet der Maler Himmel und Erde: Während sich die Kuppel in raffinierter Trompel'œil-Malerei immer weiter hinauf in luftige Höhen schraubt, ist der Fuß, den die Figur, die am unteren Bildrand beim Wein einschenken zu sehen ist, herabhängen lässt, stuckatiert, also wirklich plastisch. Mit Hilfe dieses winzigen Details zieht der Maler das Chorfresko gleichsam wieder herunter zur Erde.

Dieser grandiose Freskenzyklus ist typisch für den universalen Charakter des Barock. Es versucht die Gesamtheit von Theologie und Kirchengeschichte zu fassen: Heilige, Kirchenväter und Evangelisten, geistliche und weltliche Würdenträger kommen hier zu einer Zeit und Raum übergreifenden Glaubensgemeinschaft zusammen, in deren Mittelpunkt Jesus Christus steht.

Der besondere Tipp

Lassen Sie sich vom Mesner einen Schlüssel geben und steigen Sie auf den Kirchturm. Mit seinen 2,30 m dicken Mauern diente er in früheren Zeiten als Wehrturm, und vor allem mit Kindern macht das Herumkraxeln auf den steilen Treppen und Leitern Spaß. Durch die schmalen Fenster haben Sie einen schönen Blick auf das Hirrlinger Renaissanceschloss.

Bei den Herren von Ow

St. Peter und Paul in Wachendorf

Die Kirche in Wachendorf liegt mitten im Dorf, das Gasthaus Löwen ist direkt gegenüber und von den 900 katholischen Einwohnerinnen und Einwohnern des 1400-Seelen-Ortes fühlen sich etwa 250 aktiv zur Gemeinde gehörig. Das ist ein guter Duchschnitt und wer die vielen Mitteilungen liest, die im Informationskasten der Gemeinde hängen, kann sich davon überzeugen, dass in Wachendorf die Kirche noch ein wichtiger Teil des gesellschaftlichen Lebens ist.

Dabei steht die Kirche auf dem Gelände des Schlosses der Freiherren von Ow-Wachendorf. Früher gab es sogar einen direkten Zugang vom Schloss in die Kirche, in der die Herrschaft natürlich eine eigene Empore hatte. 1918, im Zuge der Auflösung des Kaiserreichs, wurde dieses Attribut adliger Herrschaft abgerissen und die einzige Empore in der Kirche ist jetzt dem Chor vorbehalten.

Weil St. Peter und Paul bis ins 20. Jahrhundert hinein dem Ortsadel gehörte, ist die Geschichte der Kirche natürlich eng mit der Geschichte dieser Familie verbunden, die 1095 erstmals schriftlich erwähnt wird, also auf eine 900-jährige Familiengeschichte zurückblicken kann. Das heutige Schloss ist um 1500 erbaut worden, der Fachwerkgiebel mit den aufwändig gestalteten Rosetten gehört zu den schönsten Zierfachwerkbauten im Kreis. Zu dieser Zeit wurde auch der Kirchenbau erneuert, im Kern ist St. Peter und Paul noch eine romanische Kirche und im Rahmen umfangreicher Ausgrabungen Ende der 70er-Jahre des 20. Jahrhunderts konnte man sich davon überzeugen, dass es bereits im 7. Jahrhundert eine Vorgängerkirche gegeben haben muss.

Eine Familienkirche

Seit 1681 gehören die Herren von Ow zum Reichsfreiherrenstand und haben in Obernau und Wachendorf ihre Stammsitze. Sie sind die Patronatsherren der Pfarrkirche in Wachendorf, das heißt, sie stellten den Pfarrer und bestimmten lange Zeit auch über die Konfession der Dorf-

Neugotik und Renaissance

bewohner. 1564 führte Hans von Ow mit Hilfe von Jakob Andreä, der zu der Zeit Kanzler der Tübinger Universität, Professor für Theologie und Dekan der Stiftskirche Tübingen war, die Reformation ein. Als 1615 sein Nachkomme Josef von Ow kinderlos starb, übernahmen die katholischen Erben aus Felldorf das Schloss und die Kirche. Ihnen gelang auf ausgesprochen originelle und völlig gewaltfreie Art die Gegenreformation:

Die Ehefrau des neuen Schlossherren übernahm für alle neu geborenen Kinder in Wachendorf die Patenschaft, wenn diese katholisch getauft wurden. Da eine solche Patenschaft mit einem attraktiven Geldgeschenk verbunden war, machten natürlich zahlreiche Wachendorfer von diesem Angebot Gebrauch und bald lebten in vielen protestantischen Familien katholisch getaufte Kinder. Schließlich war der Gemeinde das gemischt-konfessionelle Hin und Her zu kompliziert und alle wurden aus reinem Pragmatismus wieder katholisch: Als Katholik kann man schließlich genauso gut selig werden wie als Protestant.

Trauerkultur im Klassizismus

Heute haben die Freiherren von Ow natürlich längst nicht mehr so weit reichende Rechte. Sie sind dazu verpflichtet, die Kirche baulich zu erhalten, sind Mitglied im Kirchengemeinderat und wirken bei der Auswahl des Pfarrers mit. Aber durch das Patronat bleibt die Geschichte der Kirche auf besondere Weise lebendig. So ist der Marienaltar eine Stiftung der Großeltern des jetzigen Barons von Ow-Wachendorf, der sich selbst noch gut an die neobarock verputzte und mit Engeln bemalte Kirchendecke erinnern kann, die ihm als Kind während langer Predigten die Zeit vertrieben hat und die 1980 unter einer Holzdecke verschwunden ist. Aus der Verantwortung um das Gotteshaus erwächst ein erstaunlicher persönlicher Bezug: Die Kirche und die Familie gehören zusammen.

Horaz in Wachendorf

Das spürt der Besucher auch im Chor der Kirche, in dem das wunderschöne Netzrippengewölbe daran erinnert, wie die gesamte Kirche einmal ausgesehen haben mag, bis eine Umgestaltung nach der anderen sie barockisierte, neugotisierte und modernisierte. Hier stehen um den neugotischen geschnitzten Hochaltar mit den beiden Kirchenheiligen Peter und Paul zahlreiche Grabmale und Epitaphe der Familie von Ow. Neben verschiedenen anderen qualitätvoll gearbeiteten Gedenksteinen sieht man die Platten, die den beiden einzigen protestantischen Mitgliedern der Familie gewidmet sind, Joseph von Ow und seine Gemahlin Anna von Neuhaus. Am auffälligsten ist jedoch das klassizistische Epitaph, das zu Ehren des Freiherren Joseph Wunibald von Ow und Maria Anna geb. Gräfin Wolkenstein aufgestellt worden ist. Es wurde bei niemand Geringerem als Johann Heinrich Dannecker in Auftrag gegeben. Johann Heinrich Dannecker lebte von 1764 bis 1841 und war der Hofbildhauer des württembergischen Fürstenhauses. Eine Büste des mit ihm eng befreundeten Friedrich Schiller und die Marmorskulptur „Ariadne auf dem Panther" gehören vermutlich zu den populärsten Bildhauerarbeiten des 19. Jahrhunderts.

Das Denkmal aus grauem Sandstein, das aus einem Sockel, einer Inschriftplatte und einem Giebeldreieck als Abschluss besteht, ist mit den runden, in den Stein eingravierten Messingmedaillons nicht nur ein sehr schönes Beispiel für eleganten Klassizismus, sondern auch ein außergewöhnliches Zeugnis der Trauerkultur im 19. Jahrhundert. Statt christlicher Symbole, figürlichen Darstellungen oder den ubiquitären Hunden und Löwen als Zeichen von Treue und Mut findet sich hier im Giebelfeld ein goldfarbener fünfzackiger Stern, der von einem Lorbeerkranz und flatternden Bändern umrahmt wird. Die seitlich angebrachten Amphoren sollen die Tränen der Trauernden auffangen und die Mohnkapseln sind ein Todessymbol und stehen für den ewigen Schlaf. Die Inschrift klärt darüber auf, wer das Denkmal in Auftrag gegeben hat: Joseph Maximilian von Ow-Wachendorf und seine Frau Clara, eine geborene Gräfin Leutrum von Ertingen. Die deutsche Übersetzung der lateinischen Inschrift lautet: „Dem allerhöchsten Gott. – Dieses Denkmal – dauerhafter als Erz – haben zum Gedenken an die allerbesten und um die Ihren hochverdienten Eltern im Geist kindlicher Frömmigkeit und Hochachtung setzen lassen."

Die Inschrift spielt auf ein Gedicht von Horaz an. Es ist Melpomene, der Muse der tragischen Dichtung und des Trauergesangs gewidmet, die in ihrem Leben soviel Unglück und Leid gesehen hat, dass sie mit ihrem Gesang den Menschen neue Kraft geben kann, und beginnt folgendermaßen: „Exegi monumentum aere perennius…", „dauerhafter als Erz baue ich ein Denkmal…".

Horaz, Sohn eines freigelassenen Sklaven, der sich nach einer mehr oder weniger gescheiterten politischen Karriere auf einem Landgut in den Sabiner Bergen niederließ und Gedichte schrieb, galt vermutlich auch der Familie von Ow-Wachendorf im 19. Jahrhundert als der Prototyp des Menschen, der sich in heiterer Gelassenheit mit einem bescheidenen Leben und stillem Glück, am liebsten auf dem Lande, zufrieden gibt und sich aus dem Getriebe der Welt heraushält.

Das passt zu dem Leben des Verstorbenen: Joseph Wunibald von Ow-Wachendorf konnte sich überhaupt nicht damit abfinden, dass zu Beginn des 19. Jahrhunderts die Reichsritterschaft Ow-Wachendorf aufgelöst werden und der Ort an Württemberg zurückfallen sollte. Er zog sich deshalb resigniert auf sein Landgut in Meersburg am Bodensee zurück und beschloss, nie mehr nach Wachendorf zurückzukehren. Weil er in Meersburg gestorben und begraben ist, erinnert in seinem Heimatschloss nur noch das Epitaph in der Kirche an ihn.

Besonders schön ist auch die Kanzel, die die Protestanten Joseph von Ow und Anna von Neuhaus gestiftet haben. Sie steht auf einer dünnen, mit Beschlagwerk dekorierten und aus einem Blattkelch erwachsenden korinthische Säule. Eine reich profilierte Konsole mit Wappen und Engelsköpfen trägt den Kanzelkorb, auf dem in den Muschelnischen zwischen den toskanischen Pilasterarkaden die vier Evangelisten zu sehen sind. Wahrscheinlich wurde die Kanzel um 1600 aufgestellt und brachte einen Hauch mediterraner Eleganz in die spätgotische Kirche.

Rechts neben dieser herrschaftlichen Kanzel steigt man ein paar Stufen hinunter in die Krypta, in der in volkstümlicher Manier ein kleiner Kalvarienberg aufgebaut ist. Der Kontrast zwischen dem Renaissancekunstwerk und dem rührenden Beispiel ländlicher Volksfrömmigkeit spannt einen schönen Bogen zwischen den verschiedenen Möglichkeiten, die Menschen haben, ihrem Glauben bildkünstlerischen Ausdruck zu verleihen.

Ursprünglich befand sich natürlich auch der Friedhof direkt an der Kirche. Jetzt begraben die Dorfbewohner ihre Toten auf dem Friedhof am Ortsausgang Richtung Bieringen. Die Kapelle gehört ebenfalls den Freiherren von Ow, sie wurde um 1750 gebaut und in den letzten Jahren umfassend restauriert. Der Schwäbische Heimatbund hat die Restaurierung als besonders gelungen ausgezeichnet. Von der Kapelle aus hat man einen wunderschönen Rundumblick auf die Schwäbische Alb. Die Gegend zwischen Rottenburg und Horb als schwäbische Toskana zu bezeichnen, scheint hier wirklich nicht übertrieben.

Der besondere Tipp

Golfspieler finden ganz in der Nähe in der Golfanlage unterhalb der Weitenburg einen wunderschönen 18-l-Meisterschaftsplatz direkt am Fluss. Und im Schloss Weitenburg kann man essen, feiern, tagen und sogar heiraten!

Friedhofskapelle der Freiherren von Ow

Höre, Israel, der Ewige ist Gott

St. Anastasia und die Synagoge in Baisingen

Straßendörfer gibt es viele im Oberen Gäu zwischen Rottenburg und Nagold, aber Baisingen ist auf den ersten Blick etwas Ungewöhnliches: Direkt an der Hauptstraße stehen einige stattliche alte Bürgerhäuser aus der Mitte des 19. Jahrhunderts. Sie wirken fast unpassend in dieser ländlichen Gegend mit ihren kleinen, bescheidenen Bauernhäusern und sie lassen darauf schließen, dass Baisingen auf eine besondere Geschichte zurückblicken kann.

Erwähnt wird der Ort zum ersten Mal 1258. Er gehörte zur Grafschaft Hohenberg und damit seit 1381 zu Österreich. Die Ortsherrschaft besaßen nacheinander verschiedene Reichsritter, zuletzt residierten hier die Schenken von Stauffenberg, denen der Ort 1698 als Erbschaft zufiel. Seit 1805 gehört Baisingen zu Württemberg. Alles in allem ein typisches katholisches Dorf mit einer typischen katholischen Kirche, die 1762 der Heiligen Anastasia geweiht wurde. 1890 erfolgten größere neugotische Umbauten und 2005 wurde die Kirche St. Anastasia gründlich renoviert. Der Besucher betritt also eine Kirche, die buchstäblich in neuem Glanz erstrahlt. Das Deckenfresko lässt den Eindruck entstehen, als öffne sich der Himmel, als könne der Mensch hier, in dieser kleinen Dorfkirche, wieder eine direkte Beziehung zu Gott aufnehmen. Um diesen Effekt zu erreichen, wurde die als nicht mehr zeitgemäß empfundene Holzbalkendecke abgehängt. Auf dem so entstandenen weißen Untergrund hat der Künstler Jürgen Schulz-Lorch sein Deckengemälde aufgebracht. Drei Ebenen treffen hier in einem goldenen Dreieck zusammen, welches die Dreieinigkeit Gottes symbolisiert. An dieser Stelle scheint

Simon von Cyrene

die Decke aufzubrechen, sodass der Himmel über demjenigen aufgehen kann, der darunter steht. Neben dem leuchtenden Gold verwendet der Künstler vor allem Rot und Blau, die Farben des Lebens und des Geistes. Das Fresko wird, wie es auch in barocken oder klassizistischen Kirchen üblich ist, durch einen goldenen Rahmen gefasst. Dieser korrespondiert mit dem goldenen Dreieck und unterstreicht, dass Gott nicht nur der Mittelpunkt unseres Daseins ist, sondern unserem Leben einen schützenden Rahmen verleiht.

Johannes Wohlfahrt: Ein Künstler der Neuen Sachlichkeit

Ganz besonders eindrucksvoll ist der von dem österreichischen Maler Johannes Wohlfahrt 1945 angefertigte Kreuzweg. 1900 in Graz geboren, studierte Wohlfahrt an der dortigen Kunstfachschule und der Wiener Kunstakademie und zog 1930 nach Pfullingen, wo er als freier Künstler arbeitete und immer wieder als Kirchenmaler für die Diözese Rottenburg tätig war. 1936 gerät er wegen eines Holzschnittes in Konflikt mit den nationalsozialistischen Machthabern, denen er als bekennender Katholik ein Dorn im Auge ist. Die Familie zieht sicherheitshalber nach Rottenburg und Wohlfahrt gelingt es sogar, einige größere Arbeiten als Kirchenraumgestalter fertigzustellen. Nach Kriegsende bekleidet er einige Jahre das Amt des Vorsitzenden des Verbandes bildender Künstler in Württemberg-Hohenzollern und arbeitet häufig gemeinsam mit dem Künstler Wilhelm Geyer vor allem an der Ausgestaltung von Kirchenräumen weiter. 1969 geht Wohlfahrt zurück nach Graz, wo er bis zu seinem Tod 1975 als Kunsterzieher am Gymnasium arbeitet.

Wohlfahrt ist ein Vertreter der Malerei der Neuen Sachlichkeit und die kühle Eleganz und der betonte Modernismus dieser Stilrichtung geben wie ein Kontrapunkt in den Kreuzwegbildern den Ton an. Trotz der faltenreichen Gewänder, die auch die Dynamik der Bewegungen unterstreichen, wirken die Figuren vollkommen zeitlos. Außerdem hat der Künstler auf jeden Bildhintergrund und damit auf eine konkrete geografische oder zeitliche Einordnung des Geschehens verzichtet. Die Farben sind sehr zurückgenommen und gedämpft, Grau- und Brauntöne überwiegen. Die holzschnittähnliche Ästhetik und die erdigen Farben verweisen auf das Holz des Kreuzes und die Erde des Grabes. Gleichzeitig setzt der Künstler die Passionsgeschichte immer wieder in Beziehung zu der Entstehungszeit des Zyklus, dem Ende des 2. Weltkrieges. Die Menschen auf der Straße nach Golgatha sind immer auch die Verfolgten und Vertriebenen, Verwundeten und Verzweifelten dieses Krieges, aber auch dessen stumme Handlanger. Die Stimmung auf den Bildern ist schonungslos trist und gleichzeitig distanziert, aber es geht von ihnen ein beinahe trotziges Selbstbewusstsein aus. Das wird besonders auf der Tafel deutlich, auf der Simon von Cyrene Jesus das Kreuz abnimmt. Simon trägt die Tunika und das Schwert eines römischen Soldaten, auf dem Kopf jedoch einen Stahlhelm der Wehrmacht. Er hält das Kreuz mit beiden Händen dem Betrachter entgegen, während der erschöpfte Jesus vor seinen Füßen zu Boden geglitten ist. Der Mann, der das Kreuz Jesu ein Stück weit getragen hat, leistet keinen Widerstand und riskiert damit sein Leben. Er bleibt an seinem Platz. Simon, der Wehrmachtssoldat, rettet Jesus, den Juden, nicht vor dem Tod am Kreuz. Aber er besitzt genug Zivilcourage, um wenigstens zu helfen, dieses Kreuz zu tragen.

Die Kreuzwegbilder in St. Anastasia sind ein beeindruckendes Werk sakraler Kunst aus der Mitte des 20. Jahrhunderts. Dass sie gerade für die katholische Kirche von Baisingen gemalt worden sind, macht aus ihnen über die Darstellung der Passion Jesu hinaus Gedenktafeln an Krieg und Holocaust. Denn Baisingen war eines der Dörfer, in denen bis zu Beginn der 30er-Jahre eine lebendige jüdische Gemeinde lebte.

Die jüdische Gemeinde in Baisingen

Seit 1596 lebten Juden in Baisingen. Nachdem es ihnen im 15. Jahrhundert verboten wurde, in württembergischen und vorderösterreichischen

Mittelpunkt Davidstern

Städten zu wohnen, wanderten sie in die Dörfer der Region ab, wo ihnen die Ortsherren die Möglichkeit gewährten, als sogenannte „Schutzjuden" zu siedeln. Die Schenken von Stauffenberg, die über Baisingen regierten, wiesen ihnen einige Schutzhäuser mitten im Ort zu. Natürlich mussten die Juden den Reichsrittern dafür Abgaben bezahlen. Die kleine Gemeinde wurde rasch größer und entwickelte eine eigene Infrastruktur. Die Synagoge wurde 1784 gebaut. 1844 lebten 234 Juden in Baisingen, das war fast ein Drittel der Dorfbevölkerung. Sie bauten einen Gasthof, eine Volksschule und eben die stattli-

Gedenkstätte Synagoge

chen Wohn- und Geschäftshäuser an der Hauptstraße, die heute noch an die wohlhabenden und urbanem Chic durchaus nahe stehenden jüdischen Kaufleute erinnern, die hier lebten.

Bei einer so starken jüdischen Präsenz konnte man sich natürlich nicht mehr aus dem Weg gehen. Es entstanden Freundschaften und am Sabbat machten die katholischen Bürger ihren jüdischen Nachbarn durchaus auch einmal das Feuer an: Auf den Dörfern waren die Juden meist viel traditioneller eingestellt als in den Städten und hielten religiöse Vorschriften genauer ein. Um die Jahrhundertwende waren die Juden weitgehend in die Gesellschaft integriert, sodass sie 1914 als glühende deutsche Patrioten in den Ersten Weltkrieg zogen. Auf der Gedenktafel an die Gefallenen dieses Krieges vor der Kirche finden sich auch die Namen von vier jungen jüdischen Männern. 1933 lebten nur noch 86 Juden in Baisingen. 1941/42 wurden sie in die Vernichtungslager nach Auschwitz und Theresienstadt deportiert. Nur ganz wenige überlebten den Holocaust und konnten nach Amerika oder Australien emigrieren. Der jüdische Fuhrunternehmer Harry Kahn kehrte als Einziger nach Baisingen zurück. Seine Frau, die 1980 starb, war die letzte jüdische Bürgerin in Baisingen.

Gedenkstätte Synagoge: Einmalige Zeugnisse jüdischen Lebens

Mittelpunkt jüdischen Lebens war natürlich die Synagoge, in der regelmäßig Gottesdienste stattfanden. In Baisingen liegt sie mitten im Dorf und hebt sich, wie es für Dorfsynagogen typisch ist, nicht von den anderen Häusern der christlich geprägten Dorfgemeinschaft ab. In der Reichspogromnacht am 9. November 1938 wurde die Synagoge völlig verwüstet. Sie anzuzünden getraute sich allerdings keiner: Die Gefahr für die umliegenden Häuser wäre zu groß gewesen. Während des Krieges und in den Jahren danach wurde die geschändete Synagoge als Scheune genutzt. Erst Ende der 70er-Jahre begann man sich wieder für das Schicksal dieses besonderen Gotteshauses zu interessieren. Es wurde unter Denkmalschutz gestellt und 1988 von der Stadt Rottenburg gekauft. Ein Förderverein entwickelte zusammen mit der Stadt Rottenburg und dem Landesdenkmalamt ein Sanierungskonzept. Am 8. November 1998 wurde die Gedenkstätte Synagoge Baisingen eröffnet. An die Funktion als Synagoge erinnern vor allem noch die Frauenempore, auf der eine Dauerausstellung vom jüdischen Leben in Baisingen berichtet und die sehr schöne Decke, einen blauen Sternenhimmel mit einem großen Davidsstern in der Mitte. Die Sterne sind eine Anspielung auf die Prophezeiung, die Abraham von Gott erfährt, als er in Frage stellt, dass ihm und seiner Frau Sara noch ein Kind vergönnt sein soll. Gott spricht zu Abraham: „Sieh hinauf in den Himmel zu den Sternen. So zahlreich sollen deine Nachkommen sein."

Im Rahmen der Restaurierungsarbeiten wurde 1990 auf dem Dachboden der Synagoge eine Genisa gefunden, eine Art Versteck für religiöse Gegenstände: Der heilige Name Gottes bedarf eines besonderen Schutzes, damit er nicht missbraucht werden kann. Deshalb werden Schriften mit dem Gottesnamen verborgen, das heißt, in eine Genisa gelegt. Zerlesene Gebetbücher, aber auch andere in hebräischer Sprache verfasste Texte und unbrauchbar gewordene Kultgegenstände bewahrt man meistens auf dem Dachboden einer Synagoge auf. Bei einem Umbau werden die abgelegten Gegenstände, wie auch 1883 in Baisingen, in die Hohlräume der Decke eingebracht und bleiben so erhalten. Aus diesem Grund verfügt die Synagoge Baisingen heute über einmalige Zeugnisse jüdischen Lebens aus dem 18. und 19. Jahrhundert. Dabei handelt es sich unter anderem um einen Schofar, ein Widderhorn, das an die geplante Opferung Isaaks durch Abraham erinnern soll und am Neujahrsfest und an Jom Kippur geblasen wird, sowie um alte Gebetsmäntel und Thorawimpel.

Diese Thorawimpel sind die in Streifen geschnittenen und zu einem Band zusammen genähten Windeln, die ein kleiner Junge bei seiner Beschneidung getragen hat. Sie sind liebevoll bestickt oder bemalt und immer mit der Aufschrift versehen, dass Gott den betreffenden Jungen für würdig halten möge, ihn zu Thora, zur Chuppa (d.h. zur Ehe) und zu guten Werken aufwachsen zu lassen. Diese Beschneidundswindel wurde dann um eine Thorarolle gewickelt. Neben religiösen Schriften und Kultgegenständen hat sich auch rein weltliches Material gefunden, zum Beispiel Taschenkalender, mit denen man jüdische und christliche Feiertage abgleichen konnte und die außerdem über die verschiedenen Messen und Märkte in der Region informierten. Die Funde aus der Baisinger Genisa sind auf der Frauenempore der Synagoge ausgestellt, – sie sind lebendige Zeugnisse des religiösen und kulturellen Lebens der Baisinger Juden.

Außerhalb des Dorfes liegt der jüdische Friedhof, ein wirklich wunderschöner, stiller und verwunschener Ort. Mehr als 400 Grabstelen erzählen von den Menschen, die zur jüdischen Gemeinde in Baisingen gehörten, geben Auskunft über ihre Familienverhältnisse und vermitteln die Hoffnung auf ein Wiedersehen in der kommenden Welt. Da nach jüdischen Religionsvorschriften eine Grabstätte für die Ewigkeit angelegt wird, sind auch die ältesten Gräber von 1782 noch erhalten.

Deren Inschriften sind natürlich alle noch in hebräischer Sprache. Im Laufe der Jahrhunderte wandelt sich diese Grabkultur, die deutsche Sprache verdrängt das Hebräische, die Vornamen ändern sich und neben den jüdischen Symbolen wie den segnenden Händen der Priester, der Levitenkanne oder dem Davidsstern kommen Trauersymbole wie Mohnblüten und -kapseln dazu, die sich auch auf christlichen Gräbern finden lassen.

Der besondere Tipp

Die Synagoge ist immer sonntags von 14–16 Uhr geöffnet. Für Gruppen können nach Vereinbarung Führungen organisiert werden.

Anhang

Dankeschön!

Kurt Baermann
Reinhold Bauer
Eva-Maria Beilschmidt
Christoph Berchtold
Regina Brinkhus
Peter Ehrmann
Gerlinde Feine
Eberhard Gläser
Markus Gramzow-Emden
Gisela Hertel
Adolf Hug
Kläre Hummel
Marianne Jörg
Bärbel Kannwiescher
Helmut Kost
Werner Laub
Eva Masche
Alfred Motzer
Thomas Münch
Burkhard von Ow-Wachendorf

Reinhard Pfau
Joachim Pfeifer
Günther Polanz
Pius Saile
Karl Schauber
Gabriella Schäfer-Lehari
Margit Schuler
Manfred Sibilski
Jakob Stehle
Thomas Steiger
Ulrike Weiler
Claudia Wendt-Lamparter
Rudolf Tress
Jürgen Zeiselmeier
Heinz Ziegler

Und natürlich: Yann-Henrik, Saskia, Cornelius und Jette Bachmann

Mein Velotraum.
Danke, Stefan!

Literatur

Bachmann, Andrea: Wallfahrtsorte
zwischen Neckar und Bodensee,
Reutlingen 2008

Bauer, Reinhold, Scholkmann,
Barbara (Hrsg.): Die Kirche im
Dorf – St. Michael in Entringen,
Tübingen 2002

Binder, Hans-Otto; Endreß, Hermann et. al.: Hirschau: Land-
schaft-Kultur-Geschichte-Wirt-
schaft, Tübingen 2004

Bollinger, Kraft: Johannes Wohlfart – Eine Retrospektive, Sülchgauer
Altertumsverein Rottenburg/Neckar (Hrsg.), Rottenburg 2000

Braun, Thomas; Ziegler, Heinz: Die Stephanuskirche in Sondelfingen
und ihre Wandmalereien, Hrsg: Stadtarchiv Reutlingen, Reutlingen
2001

Celan, Paul: Werke, Historisch-Kritische Ausgabe, Bd. 5, 1. Teil,
Frankfurt am Main 2002

Evangelische Kirchengemeinde Bronnweiler (Hrsg.): Die Marienkirche
Bronnweiler. Ein Bildführer durch Geschichte, Architektur und
Kunst, Bronnweiler 1979

Evangelische Kirchengemeinde Wannweil (Hrsg.), Pietrus, Ellen u. a.:
Johanneskirche Wannweil, Wannweil 2006

Evangelische Mauritiusgemeinde Betzingen: 500 Jahre Mauritiuskirche
Betzingen, Reutlingen 2005

Geppert, Karlheinz: Jüdisches Baisingen – Einladung zu einem Rund-
gang, Haigerloch 2000

Giese, Heiner: Sakraler Ort – Rationaler Raum, Regensburg 2008

Gonon, Marlene: Zur Ortsgeschichte von Eglingen, in: Festschrift zum
Jubiläumsfest des Musik- und Gesangsvereins Eglingen e.V., 1988,
S. 11–16

Hummel, Kläre: Der Hirrlinger Erntedankteppich 1979–1998, Hirrlingen 1999

Katholische Kirchengemeinde St. Martinus Hirrlingen (Hrsg.): Festschrift zur Renovierung und Altarweihe St. Martinus in Hirrlingen, Hirrlingen 2000

Le Fort, Gertrud von: Hymnen an die Kirche, München 1961

Manz, Dieter: St. Ursula in Rottenburg-Oberndorf, Rottenburg 1991

Pahl, Henning: Die Kirche im Dorf. Religiöse Wissenskulturen im gesellschaftlichen Wandel des 19. Jh., Berlin 2006

Sannwald, Wolfgang (Hrsg.): Geschichtszüge – Zwischen Schönbuch, Gäu und Alb: der Landkreis Tübingen, Gomaringen 2006/4

Schiffer, Peter: Die Kirche im Dorf, Beiträge einer Arbeitstagung des Württembergischen Landesmuseums Stuttgart, Sigmaringen 1998

Seng, Eva-Maria: Der evangelische Kirchenbau im 19. Jahrhundert, Die Eisenacher Bewegung und der Architekt Christian Friedrich von Leins, Tübingen 1995

Stepper, Helmut: Die Geschichte unserer Martinskirche Pliezhausen, 2007 (Fotokopie im Pfarramt erhältlich)

Wiedemann, Barbara: Paul Celan und das Sprechgitter des Pfullinger Klosters, in: Spuren 80, Marbach am Neckar 2007

Jüdischer Friedhof in Baisingen